爱国心,青春梦

——新时代"全景式"爱国主义教育探索与实践

任 俊 谢江林◎主编

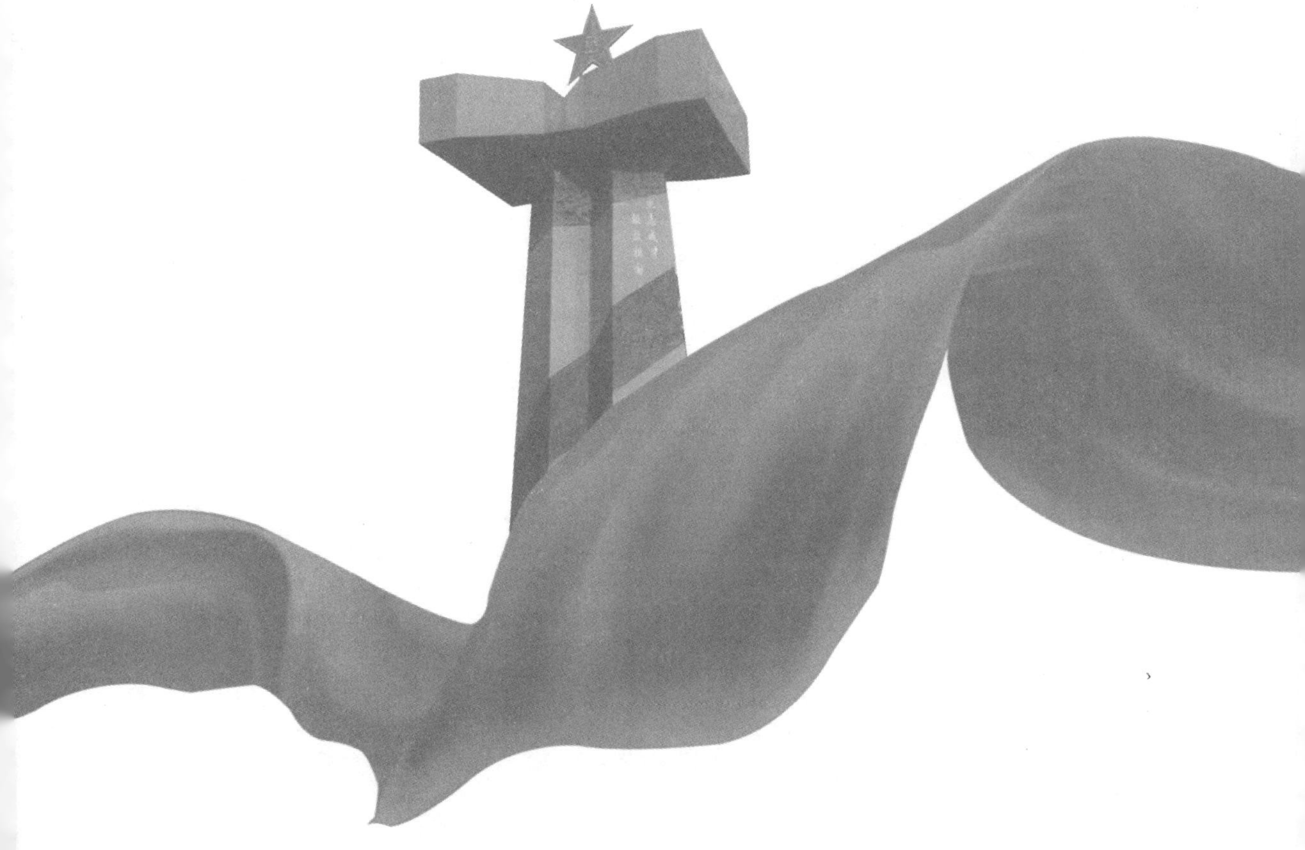

图书在版编目（CIP）数据

爱国心，青春梦：新时代"全景式"爱国主义教育探索与实践 / 任俊，谢江林主编. -- 成都：四川大学出版社，2025.7. -- ISBN 978-7-5690-7549-6

Ⅰ.G631.4

中国国家版本馆CIP数据核字第2025BE4480号

| 书　　名：爱国心，青春梦——新时代"全景式"爱国主义教育探索与实践
Aiguoxin, Qingchunmeng——Xinshidai "Quanjingshi" Aiguo Zhuyi Jiaoyu Tansuo yu Shijian
| 主　　编：任　俊　谢江林

选题策划：李波翔
责任编辑：李波翔
责任校对：李　梅
装帧设计：墨创文化
责任印制：李金兰

出版发行：四川大学出版社有限责任公司
　　　　　地　址：成都市一环路南一段24号（610065）
　　　　　电　话：（028）85408311（发行部）、85400276（总编室）
　　　　　电子邮箱：scupress@vip.163.com
　　　　　网　址：https://press.scu.edu.cn
印前制作：四川胜翔数码印务设计有限公司
印刷装订：成都金龙印务有限责任公司

成品尺寸：185mm×260mm
印　　张：10
字　　数：232千字

版　　次：2025年8月　第1版
印　　次：2025年8月　第1次印刷
定　　价：50.00元

本社图书如有印装质量问题，请联系发行部调换

版权所有 ◆ 侵权必究

扫码获取数字资源

四川大学出版社
微信公众号

编委会

主 编：任 俊　谢江林

副主编：吴雪峰　韩 波　鲍 滢

成 员：（按姓氏笔画排序）

代松青　冯万万　严 苑　李旭钢

李 雯　何 丹　宋小艳　张胜利

陈章蕾　范轶春　贤乔慕　罗金学

罗煜涵　岳小湫　周楠芳　夏子辉

高苗苗　黄苏珂　黄淇科　谢洛冰

序　言

在历史的长河中，爱国主义犹如璀璨星辰，照亮着民族前行的道路，成为个人情感的归宿与国家精神的基石。自古至今，无论是古代的忠君爱国，还是近现代的救亡图存，乃至新时代的民族复兴，爱国主义始终是推动中华民族不断前行的强大动力。然而，在全球化浪潮和多元文化价值观的冲击下，如何在新时代背景下加强爱国主义教育，培养具有深厚爱国情怀和强烈民族责任感的时代新人，成为摆在我们面前的一项紧迫而重要的任务。正是在这样的背景下，成都市第三十六中学校站在时代的前沿，以高度的责任感和使命感，积极投身于爱国主义教育理论研究与实践探索，取得了丰硕成果。

成都市第三十六中学校是全国首批国防教育示范校、全国少年军校示范校，有着数十年的国防教育特色办学历史。这所承载着光荣与梦想的学校，不仅是知识的殿堂，更是爱国主义教育的沃土。在这里，爱国主义教育不再是空洞的口号和抽象的概念，而是融入了学校的每一个角落，渗透进了每一个师生的心灵深处，成为学校文化的重要组成部分。

新时代赋予了爱国主义教育新的内涵和要求。面对复杂多变的国际形势和国内发展的阶段性特征，成都市第三十六中学校紧跟时代步伐，积极响应国家号召，努力贯彻《中华人民共和国爱国主义教育法》精神，将爱国主义教育贯穿于学校教育的全过程和各方面。学校不仅注重理论知识的传授，更重视实践活动的开展，通过丰富多彩的军事训练、国防教育讲座、红色文化体验等活动，让学生在亲身参与中感受爱国主义的魅力，增强其国防观念和国家安全意识。同时，学校还注重培养学生的国际视野和跨文化交流能力，使他们能够在全球化的背景下更好地传承和弘扬爱国主义精神。

学校注重"理论创新"。首次提出了"全景式"爱国主义教育的概念，提出了爱国教育"融合共生""关键变量""全景教育"等主张，并根据国家的爱国主义教育内容，在范围、内容、模式等方面进行校本化探索。学校教师深入挖掘马克思主义关于爱国主义的理论内涵，结合中国传统文化中的爱国主义思想资源，以及近现代爱国主义思想的演进与发展，对新时代爱国主义教育的本质进行了深刻阐述；同时，积极关注新时代爱国主义教育的新变化和新特点，不断探索和创新爱国主义教育的理论体系和实践模式。通过理论研究与实践探索的有机结合，学校逐步形成了具有自身特色的爱国主义教育理论体系和实践模式。

爱国心，青春梦
——新时代"全景式"爱国主义教育探索与实践

学校力图"实践创新"。秉承"铸魂育人"的办学思想，坚持"发现、发展和发挥每一个学生的潜能"的办学理念，形成了"全景式"爱国主义教育的"1163+N"实践体系："一"个办学思想——铸魂育人；"一"个教育目标——立志成才，报效祖国；"六"个实施路径——爱人民、爱国土、爱文化、爱军人、爱国家和爱中国共产党；"三"条具体措施——全学科、全过程、全联动；"N"个支持系统——党组织领导、强师铸魂、科研保障、国防教育、社团巩固、环境熏染、课程优化、现代学校制度建设、少年军校组织建设等。学校的教学实践中体现了三个方面的创新：一是"校本化"，将国家爱国主义教育要求与学校需要解决的问题结合，进行国家爱国主义教育"校本化"创造，形成了颇具校本特色的"六爱三式"的教育典型样态；二是"文脉化"，将爱国主义精神文化与学校文化深度融合，通过学科浸润、"六爱"教育和序列活动，让学校文化植根于爱国主义文化，发挥铸魂育人作用；三是"整合化"，将社区与家庭教育融入学校爱国主义教育范畴，广泛开展联动式教育评价；将家庭、社区等社会资源纳入学校爱国主义教育体系，形成爱国主义教育的共育机制和氛围。

尤为值得一提的是，成都市第三十六中学校在"全景式"爱国主义教育的实践中，将爱国主义教育的目标具体化、可操作化，为学生提供了全方位、多层次的发展平台。通过再现历史场景、营造文化氛围、提供参与机会、实施渐进浸润等教育方式，让学生在全方位、多角度的情境中感受和理解爱国主义。学校构建了以学科课程、专题课程和活动课程为一体的"全景式"爱国主义教育课程，为学生提供了丰富多样的学习资源和体验机会。这种"全景式"爱国主义教育不仅注重知识的传授和技能的训练，更关注情感的激发和价值观的塑造，让学生在亲身参与中感受国家和民族的伟大，从而激发他们内心深处的爱国情怀和民族责任感。

学校的爱国主义教育研究"成效显著"。学校始终以"立德树人"为根本任务，深入贯彻爱国主义教育精神，不断探索和创新爱国主义教育的新模式、新路径。作为一所爱国主义教育的示范学校，成都市第三十六中学校在以国防教育、"六爱"教育为主题的爱国主义教育领域发挥了示范引领作用。成都市第三十六中学校是少数能够连续获得两届省级教学成果奖，且以鲜明的国防教育特色进入省重点中学行列的学校。该校取得成功的原因，也许与学校坚持培养具有深厚爱国情怀和强烈民族责任感的时代新人的意志分不开。

"未来已来，将至已至，远方不远，唯变不变"，我们一起让爱国主义成为永恒的精神，为民族立"爱国心"，为青少年追"青春梦"，为更有深度、高度和温度的学校的高质量发展而努力！

纪大海 研究员
中国教育发展战略学会常务理事
四川创新教育研究院院长

目 录

第一章 "全景式"爱国主义教育理念论述 ……………………………（1）
  第一节 爱国主义教育的源起与深化 ……………………………………（1）
  第二节 爱国主义教育的研究现状 ………………………………………（6）
  第三节 爱国主义教育的理论基础与实践探索 …………………………（10）
  第四节 爱国主义教育的时代特征 ………………………………………（14）
  第五节 "全景式"爱国主义教育的内涵 ………………………………（17）

第二章 "全景式"爱国主义教育的实践框架建构 ………………（21）
  第一节 "全景式"爱国主义教育实践的总体框架 ……………………（21）
  第二节 "全景式"爱国主义教育实践的文化支撑 ……………………（30）
  第三节 "全景式"爱国主义教育育人目标框架 ………………………（38）

第三章 "全景式"爱国主义教育的实践策略 ……………………（42）
  第一节 "全景式"爱国主义教育的行动指向 …………………………（42）
  第二节 "全景式"爱国主义教育的实施路径 …………………………（45）
  第三节 "全景式"爱国主义教育的具体措施 …………………………（53）

第四章 "全景式"爱国主义教育的课程建设 ……………………（59）
  第一节 "全景式"爱国主义教育的学科课程 …………………………（59）
  第二节 融合共生样态下的"全景式"爱国主义教育的专题课程 ……（87）
  第三节 "全景式"爱国主义教育的活动课程 …………………………（96）

第五章 "全景式"爱国主义教育的评价体系 ……………………（99）
  第一节 理论框架：构建"全景式"评价体系的逻辑起点 ……………（99）
  第二节 实施路径：多维度、多层次的评价体系构建 …………………（104）
  第三节 具体指标：细化评价标准与操作指南 …………………………（117）

第六章　"全景式"爱国主义教育的实践成效……………………………(123)
　第一节　学生层面"全景式"爱国主义教育的实践成效………………(123)
　第二节　教师层面"全景式"爱国主义教育的实践成效………………(124)
　第三节　学校层面"全景式"爱国主义教育的实践成效………………(139)
　第四节　成果层面"全景式"爱国主义教育的实践成效………………(143)

第一章 "全景式"爱国主义教育理念论述

第一节 爱国主义教育的源起与深化

爱国主义教育是世界各国普遍重视的国民教育体系中的重要组成部分。它不仅是传承民族文化、弘扬民族精神的关键环节,更是培养公民国家意识、社会责任感和民族自豪感的重要途径。我国自古以来就有着深厚的爱国主义传统,从古代的忠君爱国到近代的争取民族独立与解放,再到当代的国家富强与民族复兴,爱国主义始终是推动社会进步和国家发展的重要力量。

一、爱国主义教育的全球视野与中国特色

无论是发达国家还是发展中国家,都高度重视通过教育培养公民的爱国主义情感。由于历史、文化、政治和经济等方面的差异,各国的爱国主义教育在具体内容和形式上呈现出多样化的特点。

在西方国家,爱国主义教育往往与公民教育、历史教育和价值观教育紧密结合。例如,美国通过宪法教育、历史教育、国旗国歌教育等方式,强调个人自由、民主、法治等价值观,培养公民的爱国情感和责任感。法国则通过大革命历史、共和主义思想等教育,强化公民对国家的认同和忠诚。

我国作为拥有悠久历史和灿烂文化的国家,爱国主义教育具有鲜明的中国特色。从社会主义核心价值观到《新时代爱国主义教育实施纲要》,再到《中华人民共和国爱国主义教育法》,我国逐步确立了以法治方式推进爱国主义教育的基本方略。这一过程既继承了中华优秀传统文化,又吸收了现代文明成果,形成了具有中国特色的爱国主义教育体系。

二、新时代爱国主义教育的政策背景

进入新时代以来,我国高度重视爱国主义教育,出台了一系列政策措施,推动爱国

主义教育不断走向深入。2019年，中共中央、国务院印发了《新时代爱国主义教育实施纲要》，这是新时代加强爱国主义教育的纲领性文件。爱国主义是中华民族的民族心、民族魂，是中华民族最重要的精神财富，是中国人民维护民族独立和民族尊严的强大精神动力。加强新时代爱国主义教育，必须坚持以马克思列宁主义、毛泽东思想、邓小平理论、"三个代表"重要思想、科学发展观、习近平新时代中国特色社会主义思想为指导，牢牢把握实现中华民族伟大复兴的中国梦这一主题，围绕培养担当民族复兴大任的时代新人，弘扬以爱国主义为核心的民族精神和以改革创新为核心的时代精神，唱响爱国主义主旋律，坚定中国特色社会主义道路自信、理论自信、制度自信、文化自信。

同年，我国还启动了爱国主义教育法的立法工作，旨在通过法律手段保障爱国主义教育的有效实施。2024年，随着《中华人民共和国爱国主义教育法》正式生效，我国爱国主义教育进入了一个新的发展阶段。该法明确要求各级各类学校将课堂教学与课外实践和体验相结合，把爱国主义教育内容融入校园文化建设和学校各类主题活动，组织学生参观爱国主义教育基地等场馆设施，参加爱国主义教育校外实践活动。这些规定为新时代爱国主义教育提供了有力的法律保障。

三、中学阶段爱国主义教育的重要性

习近平总书记多次强调，基础教育在国民教育体系中处于基础性、先导性地位。[①] 中学阶段是学生爱国主义教育的重要阶段，这一时期的学生正处于身心发展的关键时期，也是其形成世界观、人生观和价值观的重要时期。因此，加强中学阶段的爱国主义教育具有重要意义。

首先，中学阶段是学生形成国家意识和民族认同感的关键时期。爱国主义教育可以引导学生深入了解国家的历史、文化、传统和现状，增强对国家的认同感和归属感；同时，还可以培养学生的民族自尊心和自信心，激发他们的爱国热情和奋斗精神。

其次，中学阶段是学生形成社会责任感和公民意识的重要时期。爱国主义教育可以引导学生关注社会现实和国家发展，培养他们的社会责任感和公民意识；同时，还可以引导学生积极参与社会实践活动，提高他们的社会实践能力和综合素质。

最后，中学阶段是学生形成正确价值观的关键时期。爱国主义教育可以引导学生树立正确的世界观、人生观和价值观，培养他们的道德品质和人文素养；同时，还可以引导学生树立远大的理想和抱负，为他们的未来发展奠定坚实的基础。

四、当前爱国主义教育存在的问题与挑战

尽管我国中学阶段爱国主义教育取得了显著成效，但在实践中仍存在一些问题和挑

---

① 中共中央文献研究室：《习近平关于社会主义社会建设论述摘编》，中央文献出版社，2017年，第57页。

战。这些问题和挑战主要体现在以下几个方面。

（一）教育全员化不够

在将国家的教育要求转化为学校的教育实践时，一些学校往往将工作重点集中在德育工作人员身上，对更广泛的学科教师要求不高，学科教师参与爱国主义教育的积极性未被充分激发。这导致爱国主义教育在学校的实施中存在一定局限性，难以形成全员育人的良好氛围。

（二）对象全学段不够

一些学校的爱国主义教育往往重视对起始年级学生的教育，随着学生学业压力的增大，年龄、学段的增高呈现衰减现象。甚至在部分学段，爱国主义教育已经淡化为不重要的事情。这导致爱国主义教育在学生的成长过程中缺乏持续性和连贯性，难以使其形成深厚的爱国情感。

（三）知识全方面不够

在学科渗透方面，一些学校没有制定爱国主义教育的制度，部分学科的爱国主义知识挖掘力度不强，甚至没有挖掘。这导致学生的爱国知识如国家安全等，存在短板，难以形成全面的爱国知识体系。

（四）实施全过程不强

在爱国主义教育的实施过程中，一些学校存在开始重视、过程淡化、研究弱化等问题。在教育过程中，存在爱国主义教育动员不充分，学生被动接受的现象。这导致教育效果不够理想，难以实现预期的教育目标。

（五）体验全参与不足

爱国主义教育实乃一种活动实践，学生爱国主义品德的形成源于将内心认识转化为现实行动的体验式过程。然而，在活动过程中，部分学生或未全身心投入，或认识提升不足而浅尝辄止，或缺乏相互评价的有效机制，全参与式的体验略显不足，使得学生的主体性未能充分彰显，爱国主义教育也因此显得碎片化，延续性欠佳。

五、成都市第三十六中学校爱国主义教育的实践探索与经验总结

面对上述问题和挑战，学校需要积极探索和实践爱国主义教育的有效途径和方法。下文以成都市第三十六中学校为例，介绍其在爱国主义教育方面的实践探索和经验总结。

（一）加强组织领导，确保教育全员化

为了确保爱国主义教育的全员化实施，学校成立了以校长为组长的爱国主义教育领导小组，负责统筹协调全校的爱国主义教育工作。同时，学校还制订了详细的爱国主义教育计划和实施方案，明确各学科的爱国主义教育目标和任务。通过加强组织领导，确保爱国主义教育在学校得到全面、深入的实施。

（二）注重学段衔接，确保教育全学段

为了确保爱国主义教育的全学段实施，学校注重学段之间的衔接和过渡。在起始年级，学校通过开设专门的爱国主义教育课程、组织学生参观爱国主义教育基地等方式，引导学生深入了解国家的历史和文化。随着学生学段的升高，学校逐渐将爱国主义教育融入各学科的教学中，通过课堂教学、课外实践等方式，不断深化学生的爱国情感。同时，学校还通过举办各种主题班会、文艺演出等活动，激发学生的爱国热情和奋斗精神。

（三）挖掘学科资源，确保知识全方面

为了确保爱国主义教育知识的全方面覆盖，学校充分挖掘各学科中的爱国主义教育资源。例如，在语文学科中，通过诵读经典诗文、讲述历史故事等方式，引导学生感受中华优秀传统文化和民族精神；在政治学科中，通过讲解国家政治制度、法律法规等内容，引导学生了解国家的政治体系和法律体系；在历史学科中，通过讲述历史事件、分析历史人物等方式，引导学生认识国家的发展历程和民族命运。通过挖掘学科资源，确保学生在学习中能够全面、深入地了解国家的历史和文化等爱国知识。

（四）强化实践体验，确保实施全过程

为了确保爱国主义教育的实施全过程得到有效落实，学校注重爱国主义教育的实践体验环节，定期组织学生参观爱国主义教育基地、参加社会实践活动等，让学生在实践中感受国家的伟大和民族的复兴。同时，学校还鼓励学生积极参与志愿服务、科技创新等活动，培养他们的社会责任感和公民意识。通过强化实践体验环节，确保学生在学习中能够真正理解和体验爱国主义的精神内涵。

（五）丰富活动形式，确保体验全参与

为了确保爱国主义教育的体验全参与，学校注重丰富活动形式和内容。学校定期举办各种主题班会、文艺演出、演讲比赛等活动，为学生提供展示自己才华和表达爱国情感的平台。同时，学校还鼓励学生积极参与各种社团组织和课外活动小组，培养他们的团队协作能力和综合素质。通过丰富活动形式和内容，确保每个学生都能够在活动中找到自己的位置和价值所在。

六、成都市第三十六中学校爱国主义教育的发展展望

面对国家的教育政策、教育的薄弱环节以及学校的发展实际,成都市第三十六中学校决定在做好国防教育的基础上,把新时代的爱国主义教育实践作为一个重要的课题进行研究。未来,学校将继续深化爱国主义教育实践探索,进一步培养具有新时代爱国主义精神、能够"立志成才、报效祖国"的优秀学子。

(一)加强理论研究与实践创新相结合

学校将加强爱国主义教育的理论研究与实践创新相结合,不断探索适应新时代要求的爱国主义教育新模式和新方法。学校通过加强理论研究,深入探讨爱国主义教育的本质特征和规律;通过实践创新,不断总结和推广成功的经验和做法。同时,学校还将加强与高校、科研机构等单位的合作与交流,共同推动爱国主义教育事业的繁荣发展。

(二)强化师资队伍建设与人才培养

学校将加强师资队伍建设与人才培养工作,不断提高教师的专业素养和教学水平。学校通过加强师德师风建设、提高教师待遇等方式,吸引更多优秀人才投身爱国主义教育事业。同时,学校还将加强教师培训和学习交流工作,不断提高教师的教育教学能力和综合素质。此外,学校还将加强对学生骨干的培养和选拔工作,为爱国主义教育事业的持续发展提供有力的人才保障。

(三)完善评价体系与激励机制建设

学校将完善评价体系与激励机制建设,确保爱国主义教育的有效实施和持续发展。学校通过制定科学合理的评价指标体系和评价标准,对爱国主义教育的实施效果进行客观、全面的评价。同时,学校还将建立有效的激励机制和奖惩制度,对在爱国主义教育中表现突出的教师和学生进行表彰和奖励;对存在问题的教师和学生进行批评和教育。完善评价体系与激励机制,激发广大师生的积极性和创造力,推动爱国主义教育事业的不断发展壮大。

(四)加强校园文化与社会实践相结合

学校将加强校园文化与社会实践相结合,营造浓厚的爱国主义氛围。学校通过加强校园文化建设工作,打造具有鲜明爱国主义特色的校园文化品牌;通过加强社会实践工作,引导学生积极参与社会实践活动和志愿服务活动。同时,学校还将加强与社区、企业等单位的合作与交流工作,共同推动爱国主义教育事业的深入发展。学校通过加强校园文化与社会实践相结合,让学生在实践中感受国家的伟大和民族的复兴,增强社会责任感和公民意识。

爱国心，青春梦
——新时代"全景式"爱国主义教育探索与实践

（五）推动爱国主义教育国际化发展

随着全球化的不断深入发展，爱国主义教育也需要不断适应国际化的趋势和要求。学校将积极推动爱国主义教育国际化发展工作，加强与国外学校的交流与合作。学校通过组织师生赴国外考察学习、举办国际学术会议等方式，借鉴国外先进的爱国主义教育经验和做法；同时，也通过向国外传播中国的优秀文化和价值观念等方式，展示中国的良好形象和软实力。学校通过推动爱国主义教育国际化发展工作，不断拓宽学生的国际视野和跨文化交流能力，培养他们的全球意识和国际视野。

第二节　爱国主义教育的研究现状

随着《新时代爱国主义教育实施纲要》的正式出台，以及《中华人民共和国爱国主义教育法》的生效实施，中学阶段的爱国主义教育受到高度重视和广泛关注。这一教育领域的变化不仅体现了国家对青少年成长的深切关怀，也反映了在新时代背景下，爱国主义教育在立德树人、铸魂育人方面的重要作用。

一、新时代爱国主义教育研究日益深入

在新时代背景下，学界对爱国主义教育的研究逐渐深入，专家学者们结合习近平总书记关于新时代爱国主义的重要论述，对爱国主义教育的内涵、特质、根本和根基等进行了深入探讨。

张智结合习近平总书记的论述，认为实现中华民族伟大复兴的中国梦是当代中国爱国主义精神的主题。① 这一主题不仅体现了国家的长远发展目标，也彰显了中华民族团结奋斗的共同理想。他指出，爱国、爱党和爱社会主义相统一是当代中国爱国主义精神的特质。② 这一特质强调了爱国主义教育的政治性、方向性和时代性，要求我们在教育过程中始终坚持正确的政治方向，引导学生树立正确的世界观、人生观和价值观。同时，张智还认为，把人民对美好生活的向往作为奋斗目标是当代中国爱国主义精神的根本。这一根本体现了爱国主义教育的人民性，要求我们在教育过程中始终关注人民群众的利益和诉求，引导学生为实现人民的美好生活而努力奋斗。此外，维护祖国统一和民族团结是当代中国爱国主义精神的根基，构建人类命运共同体是当代中国爱国主义精神

---

① 杨宏伟、张智：《究爱国主义理寻爱国教育之路——"当代中国爱国主义理论与实践学术研讨会"综述》，《教学与研究》，2016年第8期，第3页。

② 张智：《"四史"教育：新时代爱国主义教育的必修课》，《社会主义核心价值观研究》，2021年第7卷第3期，第69~77页。

的世界使命。这些观点不仅丰富了爱国主义教育的内涵,也为其在新时代的发展提供了有力支撑。

任文锋则从新时代的特点出发,认为爱国主义教育需要"以变应变""立破并举"和"情理交融"。他认为,在新时代背景下,爱国主义教育必须紧跟时代步伐,不断创新教育方式和手段,以适应社会发展和学生成长的需要。同时,他主张在爱国主义教育过程中既要坚持正确的政治方向,又要关注学生的情感需求,实现情理交融的教育效果。① 这些观点为爱国主义教育在新时代的发展提供了新的思路和方法。

随着专家学者的深入探索,人们对爱国主义及爱国主义教育内涵的阐释更加符合新时代的特质。他们不仅注重中华优秀传统文化的传承,还强调中国的世界使命和担当。这种对爱国主义教育的深入研究,为新时代爱国主义教育的发展提供了坚实的理论基础。

二、新时代爱国主义教育的新变化

在新时代背景下,爱国主义教育呈现出许多新变化。这些变化不仅体现在教育内容和方式上,还体现在教育载体和主体上。

一是由抽象概念向具体载体回归。在新时代背景下,爱国主义教育逐渐从抽象的概念范畴和逻辑理路中走出来,回归到具体的承载实体和物质表象上。温静、王树荫认为,为了解决爱国主义教育的时代课题,回应国家和社会的新要求以及民众的新期待,爱国主义教育应当遵循由抽象回归具体的理念。他们主张将抽象的概念范畴和逻辑理路还原为具体的承载实体和物质表象,以增强教育的针对性和实效性。② 韩仕清则进一步提出,新时代爱国主义教育要融入体验式教学法,以"体验"为核心,以学生为主体,将抽象的爱国情感转化为实际行动。他主张通过课外活动、社会实践等形式,让学生亲身体验和感受爱国主义精神的内涵和价值,从而增强他们的爱国情感和责任感。③ 郭潇莹则认为,新时代中小学应系统思考爱国主义教育研学的意义、目标和主题,让研学旅行成为培养青少年爱国主义情怀的重要途径。她主张通过研学旅行等实践活动,让学生在亲身参与中感受祖国的壮丽山河和悠久历史,从而激发他们的爱国热情和民族自豪感。④

二是由思政学科向多学科整合推进。在新时代背景下,爱国主义教育不再局限于思政学科,而是逐渐渗透到各个学科中。孙希芳、吴玉军在讲授"高扬爱国主义的旗帜"这一主题的内容时,以朗读和赏析艾青的诗歌《我爱这土地》来激发学生对祖国大好河

---

① 任文锋:《新时代爱国主义教育新在哪里》,《人民教育》,2020年第2期,第49~53页。
② 温静、王树荫:《爱国主义教育的方法论思考》,《中国高等教育》,2019年第21期,第46~48页。
③ 韩仕清:《体验式教学法在大学生爱国主义教育中的运用》,《教书育人(高教论坛)》,2020年第9期,第108~109页。
④ 郭潇莹:《新时代中小学研学旅行中的爱国主义教育》,《中国德育》,2020年第3期,第37~40页。

山的热爱。他们通过诗歌这一文学形式，将抽象的爱国情感转化为具体的文学形象，让学生在欣赏诗歌的过程中感受到祖国的美丽和伟大。① 吴志强则主张用丰富的民族传统美德要素来厚植爱国主义情怀。他引导学生研习《孝经》《孝子传》等经典文献，朗读《游子吟》等诗歌作品，阅读《中华人民共和国宪法》等法律文本，利用各学科丰富的阅读素材来培养学生的爱国情感和道德品质。② 王骞则认为，在物理教学中，要让学生了解我国古代科技成就以增强民族自信心；要了解祖国走在世界前沿的科技以提高学习物理的热情；了解物理学家的生平事迹以学习他们报效祖国的精神。他主张通过物理学这一自然科学学科来培养学生的爱国情怀和民族精神。③

三是由关注内容向关注主体发展。在新时代背景下，爱国主义教育逐渐从关注教育内容转向关注教育主体。杨晓俊认为，作为新时代的教育者，在对青年学生进行爱国主义教育时，一定要在研究和了解自己面对的教育对象的基础之上寻找到代际差异所在。他主张通过"贴近学生""触摸时代""拓宽视野"等方式来真正做好爱国主义教育。④ 赵清芳则认为，爱国主义教育要注意理性认知与感性激发的结合，面对小学、初中学段的学生尤应如此。她主张在教育过程中既要注重知识的传授和理性的分析，又要关注学生的情感需求和感性的激发，以实现教育的最佳效果。⑤

这些新变化不仅体现了新时代背景下爱国主义教育的发展趋势和特点，也为我们进一步推进爱国主义教育提供了有益的启示和借鉴。

三、爱国主义教育成为大多数国家的普适性国民教育

爱国主义教育不仅是中国特有的教育形式和内容，也是世界各国普遍关注和重视的教育领域。在全球化背景下，各国都在积极探索和实践具有本国特色的爱国主义教育方式和途径。

一是重视从国家历史发展中提取素材。历史是爱国主义教育的宝贵资源。让学生了解国家的历史发展和文化传承，可以激发他们的爱国情感和民族自豪感。美国通过对学生进行历史教育，让学生感受英雄人物对国家所作的贡献，激发学生的爱国主义情感。他们建有各种关于历史英雄人物的纪念馆，如林肯纪念堂、罗斯福图书馆等，通过实体环境激发社会成员的爱国精神。韩国则结合本国历史，重视公民身份的建立和国民精神的培养。他们以此为核心建立了系统的道德教育体系，通过传授国家历史和传统文化知识来培养学生的爱国情怀和民族精神。

---

① 孙希芳、吴玉军：《"高扬爱国主义的旗帜"教学实录》，《思想政治课教学》，2019年第4期，第69～73页。
② 吴志强：《如何厚植爱国主义情怀》，《中学政治教学参考》，2019年第8期，第39～40页。
③ 王骞：《初中物理教学中进行爱国主义教育》，《教书育人》，2019年第22期，第42页。
④ 杨晓俊：《从"代际差异"谈当代学生爱国主义教育》，《江苏教育》，2020年第7期，第23～25页。
⑤ 赵清芳：《爱国主义教育实践中的三个结合》，《人民教育》，2019年第3期，第17页。

二是注重爱国主义教育的隐性层面。隐性教育是爱国主义教育的重要组成部分。隐性教育可以潜移默化地影响学生的思想和行为，培养他们的爱国情怀和道德品质。韩国家庭的爱国主义教育基本上是通过隐性教育实现的。他们多以家长的榜样示范作用为主，辅以家训和家族礼节，让孩子从爱"小家"做起，进而实现爱"大家"。同时，韩国还注重加强校园文化建设，利用校风、师德来培养学生的爱国主义情感。美国则重视发挥宗教对爱国主义教育的隐性作用，通过宗教仪式和教义来培养学生的爱国情怀和民族精神。

三是注重爱国主义教育的层次性。层次性是爱国主义教育的重要特征之一。分层次的教育使教师可以针对不同年龄段和认知水平的学生进行有针对性的教育。俄罗斯的爱国主义教育分为课堂内的爱国主义教育和课堂外的爱国主义教育。其中，课堂内的爱国主义教育包括教师教学和学生自主学习两个层面；课堂外的爱国主义教育则包括政府、社会、学校组织丰富多彩的课外实践活动，如参观爱国主义教育基地等。这种分层次的教育方式不仅符合学生的认知规律和发展特点，也有助于提高教育的针对性和实效性。

四是注重爱国主义教育的国际化视野。在全球化背景下，爱国主义教育需要具有国际化视野和全球意识。让学生了解世界各国的历史文化和发展状况，可以培养他们的国际视野和全球意识，增强他们的民族自豪感和自信心。同时，还可以通过国际交流和合作来推动爱国主义教育的创新和发展。例如，可以组织学生参加国际性的文化交流活动、学术研讨会等，让他们在与外国朋友的交流和互动中增进相互了解和友谊，从而更加深刻地认识到自己国家的独特性和优越性。

综上所述，爱国主义教育作为世界各国普遍关注和重视的教育领域，在新时代背景下呈现出许多新的发展趋势和特点。这些趋势和特点不仅体现了各国对爱国主义教育的重视和关注程度不断提高，也为我们进一步推进爱国主义教育提供了有益的启示和借鉴。

四、我国中学生爱国主义教育研究的不足

尽管我国在新时代背景下的爱国主义教育取得了显著成效和进展，但针对中学生这一特定群体的爱国主义教育研究仍存在一些不足和需要改进的地方。

一是研究内容不够丰富和深入。目前针对高校的爱国主义教育研究较多，而对于中学生的爱国主义教育研究相对较少。这导致我们对中学生爱国主义教育的特点和规律了解得不够深入和全面，难以制定出更加符合中学生实际需求和认知水平的教育方案。因此，我们需要加强对中学生爱国主义教育的研究力度，深入了解他们的思想状况和行为特点，探索出更加适合他们的教育方式和途径。

二是研究方法比较单一。目前对中学生爱国主义教育的研究大多集中在某一方面，如教育内容、教育方式、教育效果等，缺乏系统性、整体性强的研究思路和操作性强的研究方法。这导致我们对中学生爱国主义教育的整体认识和把握不够准确和全面，难以

形成有效的教育合力。因此，我们需要采用多种研究方法相结合的方式来进行研究，如文献研究法、调查研究法、实验研究法等，以更加全面和深入地了解中学生爱国主义教育的实际情况和存在的问题。

三是研究视角缺乏微观层面的探讨。目前对中学生爱国主义教育的研究多从宏观角度开展，缺少对于微观角度的研究。特别是涉及基础教育学校"全区域""全育人""全学段""全过程"等内容的研究较少，针对中学生爱国主义教育层次不明的问题解决缺乏一种可供借鉴的教育范式。因此，我们需要从微观层面入手，关注中学生在爱国主义教育过程中的具体表现和情感体验，探索出更加符合他们实际需求和认知水平的教育方式和途径。

第三节 爱国主义教育的理论基础与实践探索

爱国主义，作为民族精神的核心，是维系国家统一、民族团结和社会稳定的强大精神纽带。在历史的长河中，爱国主义不仅激励着无数仁人志士为国家的独立、民族的解放而奋斗，也指引着当代人民为国家的繁荣富强、民族的伟大复兴而努力。爱国主义教育，作为培养公民爱国情感、增强民族凝聚力的重要途径，其重要性不言而喻。本节将深入探讨爱国主义教育的理论基础，包括马克思主义关于爱国主义的理论框架、中国传统文化中的爱国主义渊源，以及近现代爱国主义思想的演进与发展，同时结合当代实际，探讨爱国主义教育面临的挑战与机遇，旨在为新时代爱国主义教育提供全面而深入的理论支撑和实践指导。

一、马克思主义关于爱国主义的理论框架

（一）爱国主义与社会历史进程的紧密联系

恩格斯在《家庭、私有制和国家的起源》中指出："国家并不是从来就有的。曾经有过不需要国家，而且根本不知道国家和国家权力为何物的社会。在经济发展到一定阶段而必然使社会分裂为阶级时，国家就由于这种分裂而成为必要了。"[①] 爱国主义并非孤立存在的情感或行为，而是深深植根于社会经济结构、阶级关系以及历史发展进程之中。在资本主义社会，爱国主义往往被资产阶级用作维护其阶级统治的工具，通过宣扬民族优越性和排他性来掩盖阶级矛盾和社会不公。马克思主义揭示了这种伪爱国主义的本质，指出真正的爱国主义应当与无产阶级的革命事业相结合，成为推动社会进步和人类解放的强大动力。

---

① 恩格斯：《家庭、私有制和国家的起源》，人民出版社，1972 年，第 156 页。

在社会主义社会，爱国主义获得了全新的内涵和生命力。它不再是某个阶级或集团的私利，而是全体人民为实现共同理想和目标而奋斗的强大精神动力。社会主义的爱国主义，既关注本民族的利益和发展，又致力于推动全人类的进步和解放，体现了高度的国际主义精神。这种爱国主义，不仅是对国家和民族的忠诚与热爱，更是对社会主义事业的坚定信仰和无私奉献。

（二）爱国主义与国际主义的辩证统一

马克思主义强调了爱国主义与国际主义的辩证统一。在无产阶级革命的实践中，爱国主义不再局限于单一民族或国家的范围，而是跨越国界，成为全世界无产者联合起来的共同旗帜。这种爱国主义，既关注本民族的命运和利益，又致力于推动全人类的解放事业，体现了高度的国际主义精神。在全球化日益加深的今天，这种国际主义精神对于培养具有国际视野和跨文化交流能力的爱国人才具有重要意义。它要求我们在爱国的同时，也要尊重和理解其他国家和民族的文化和利益，共同推动构建人类命运共同体。

（三）爱国主义与民族文化的传承创新

每个民族都有其独特的文化传统和历史记忆，这些构成了民族认同的基石。马克思主义揭示了爱国主义与民族文化之间的密切关系，指出在爱国主义教育中应当尊重并传承民族文化，同时引导人们以开放包容的心态吸收外来文化的优秀成果，促进文化的交流与融合。这样既能够增强民族自豪感和凝聚力，又能够推动文化的创新与发展。在爱国主义教育中，我们应当注重挖掘和传承民族文化的精髓，如中华优秀传统文化、革命文化和社会主义先进文化，同时也要积极吸收和借鉴世界各国的优秀文化成果，以丰富和发展我国的爱国主义教育内容。

（四）爱国主义与个人全面发展的相互促进

在社会主义社会中，爱国主义不仅是对国家和民族的忠诚与热爱，更是个人实现自我价值和社会价值的重要途径。马克思主义强调了爱国主义与个人全面发展的相互促进关系。通过参与国家建设和社会实践，个人不仅能够获得物质上的满足和成就感，更能够在精神上得到升华和成长。爱国主义教育应当注重培养人的全面发展能力，引导人们将个人的理想追求融入国家的发展大局之中。这种教育不仅有助于提升个人的综合素质和竞争力，也有助于推动社会的进步和发展。

二、中国传统文化中的爱国主义渊源

（一）儒家思想对爱国主义教育的影响

儒家思想作为中国传统文化的主流之一，对爱国主义教育产生了深远的影响。儒家

强调"家国天下"的观念,认为个人、家庭与国家是紧密相连的整体。在这种观念下,爱国被视为一种高尚的道德品质,是每个公民应尽的责任和义务。儒家经典如《论语》《孟子》等著作中充满了对爱国行为的赞美和推崇。如《论语》中的"君子务本,本立而道生。孝悌也者,其为仁之本与"强调了孝悌作为仁爱之本的重要性,而仁爱之心正是爱国之情的基础。又如顾炎武《日知录·正始》中的"天下兴亡,匹夫有责",更是直接表达了每个人对国家兴亡的责任和担当。

儒家的爱国主义教育还体现在其强调的忠孝观念上。忠,即忠诚于国家;孝,即孝顺于父母。儒家认为,忠孝是相辅相成的,忠于国家就是最大的孝。这种观念深入人心,成为中华民族的传统美德之一。在当代社会,我们仍然需要弘扬这种忠孝观念,引导人们将个人的命运与国家的命运紧密联系在一起,为国家的繁荣富强贡献自己的力量。

（二）古代文学作品中的爱国主义思想

中国古代文学作品中蕴含着丰富的爱国主义思想。从《诗经》中的"王于兴师,修我戈矛,与子同仇",到《楚辞》中的"身既死兮神以灵,魂魄毅兮为鬼雄",再到唐诗宋词中的大量爱国诗篇,如杜甫的"国破山河在,城春草木深"、陆游的"王师北定中原日,家祭无忘告乃翁"等,这些作品不仅展示了古代文人墨客的爱国情怀,也激发了后世无数人的爱国情感。

古代文学作品中的爱国主义思想主要体现在以下几个方面：一是表达对国家和民族的深厚感情。如《诗经》中的《大雅·文王》歌颂了文王的德政和治国的智慧,表达了诗人对国家和民族的热爱之情。二是展现对国家命运的关注和担忧。如杜甫的《春望》一诗中,"国破山河在"一句,既描绘了诗人眼前残破的景象,又暗含了对国家命运的深深忧虑。三是抒发对英雄人物的崇敬和赞美。如《楚辞》中的《国殇》一诗,赞美了楚国将士的英勇无畏和牺牲精神,表达了诗人对英雄人物的崇敬之情。

（三）历史英雄人物和事件对爱国主义教育的启示

中国历史上的许多英雄人物和事件也是爱国主义教育的重要素材。从郑成功收复台湾到林则徐虎门销烟,这些英雄人物和事件无不彰显了中华民族不屈不挠的斗争精神和深厚的爱国情怀。他们的事迹和精神成为激励后人奋发向前的强大动力。

郑成功收复台湾是中国历史上的一件大事。他率领军队成功驱逐了荷兰殖民者,收复了台湾岛,为国家的统一和领土完整作出了巨大贡献。林则徐则是清朝道光年间的著名爱国官员。他坚决主张禁烟,并在虎门海滩上销毁了大量鸦片,沉重打击了英国侵略者的嚣张气焰。

三、近现代爱国主义思想的演进与发展

（一）辛亥革命时期的爱国主义思想

近现代以来，随着中国社会的深刻变革和民族危机的加深，爱国主义思想不断得到丰富和发展。辛亥革命时期，以孙中山为代表的民主革命人士倡导"三民主义"，他们通过武装斗争推翻了清朝封建统治，为中国的民族独立和人民解放奠定了基础。

在这一时期，爱国主义教育主要围绕反对封建专制、争取民族独立和人民解放的主题展开。革命先驱们通过宣传和教育，激发了广大人民的爱国热情和革命精神。他们强调国家的独立和民族的解放是每个人的责任和使命，号召人们为国家的繁荣富强和民族独立解放而奋斗。

（二）抗日战争时期的爱国主义精神

抗日战争时期，面对日本帝国主义的侵略，全中国人民团结一心，共赴国难。在这场伟大的抵抗外来侵略的战争中，涌现出了无数可歌可泣的爱国英雄和事迹。他们用自己的鲜血和生命捍卫了国家的尊严和领土完整，展现了中华民族不屈不挠的斗争精神。

在这一时期，爱国主义教育的重要性更加凸显。政府和社会各界通过宣传和教育，激发了广大人民的爱国热情和抗战精神。他们强调国家和民族的存亡与每个人息息相关，号召人们为抗击日寇、保卫家园而奋斗。这种爱国主义教育不仅增强了人民的民族自豪感和凝聚力，也为抗战的胜利提供了强大的精神支持。

（三）新中国成立后的爱国主义教育

新中国成立后，随着社会主义建设的深入发展，爱国主义教育进入了一个新的阶段。政府高度重视爱国主义教育，将其纳入国民教育体系之中。在这一时期，爱国主义教育更加注重培养学生的社会主义信念和共产主义理想，引导他们将个人的理想追求融入国家的发展大局之中。

学校、家庭和社会各界都积极参与爱国主义教育。学校通过开设相关课程、组织实践活动等方式，让学生了解国家的历史和文化，增强他们的民族自豪感和责任感。家庭则通过言传身教、家风传承等方式，培养孩子的爱国情感和责任感。社会各界则通过宣传英雄人物和事迹、举办纪念活动等方式，弘扬爱国主义精神，激发人们的爱国热情。

随着对外开放的不断扩大，爱国主义教育也更加注重培养学生的国际视野和跨文化交流能力。政府和教育部门鼓励学生走出国门，了解世界各国的文化和历史，增强他们的国际意识和跨文化交流能力。同时，爱国主义教育也注重引导学生正确认识和处理国家与民族、个人与集体之间的关系，培养他们全球视野下的爱国主义意识和人类命运共同体意识。

（四）当代爱国主义教育的挑战与机遇

在当代社会，爱国主义教育面临着新的挑战和机遇。

一方面，全球化、信息化的发展使得爱国主义教育的环境和条件发生了深刻变化。随着互联网的普及和社交媒体的兴起，人们获取信息的渠道更加多元和便捷，但同时也面临着信息泛滥、虚假信息泛滥等问题。这对爱国主义教育的有效性和针对性提出了更高的要求。

另一方面，国家的发展、民族的复兴也为爱国主义教育提供了新的内容和形式。随着中国的崛起和国际地位的提升，人们对国家的认同感和自豪感不断增强，这为爱国主义教育提供了更加丰富的资源和素材。

第四节　爱国主义教育的时代特征

在当今世界，随着全球化的深入发展和信息化时代的全面到来，爱国主义教育面临着前所未有的机遇与挑战。在这一背景下，如何有效开展爱国主义教育，使其成为培养具有全球视野、深厚爱国情怀和强烈责任感的新一代青年的重要途径，成为一个亟待解决的问题。本节将从全球化背景下的爱国主义教育、信息化时代的爱国主义教育，以及新时代爱国主义教育的创新与发展三个方面，深入探讨爱国主义教育的时代特征。

一、全球化背景下的爱国主义教育

全球化是当今世界发展的必然趋势，它促进了各国之间的经济文化交流，使得世界各国的联系日益紧密，相互依存程度不断加深。然而，全球化也带来了诸多挑战和冲击，如文化同质化、价值观冲突等，这些都对爱国主义教育提出了新的要求。

在全球化背景下，爱国主义教育必须更加注重培养学生的国际视野和跨文化交流能力。这要求学生不仅要了解本国的历史和文化，还要能够理解和尊重其他国家的文化和历史。学校可以通过开设国际文化交流课程、组织国际交流活动等方式，引导学生深入了解不同国家的文化和历史，增强他们的国际意识和跨文化交流能力。同时，学校还需要引导学生正确看待国际形势和国家利益，培养学生的国际责任感和危机意识。在全球化的浪潮中，国家之间的竞争日益激烈，每个学生都应该认识到自己的责任，为国家的繁荣和发展贡献自己的力量。

此外，在全球化背景下，爱国主义教育还需要更加注重培养学生的民族自豪感和文化自信。在全球化的冲击下，民族文化面临着被同化的风险。因此，学校必须加强民族文化传承教育，让学生了解和传承本民族的优秀文化，培养他们的民族自豪感和文化自信。只有这样，学生才能在全球化的浪潮中坚守自己的文化根基，抵御外来文化的冲击和侵蚀。

二、信息化时代的爱国主义教育

信息化是当今社会发展的重要特征之一。随着互联网、新媒体等技术的广泛应用，信息传播更加迅速便捷，这为爱国主义教育提供了新的机遇和挑战。

在信息化时代，爱国主义教育可以充分利用互联网和新媒体等技术手段，开展线上教育活动。通过建立爱国主义教育网站、开发爱国主义教育 APP 等方式，为学生提供便捷的学习途径和丰富的学习资源。这些平台可以发布爱国主义教育相关内容，如历史故事、英雄事迹、国家成就等，让学生随时随地都能接受爱国主义教育的熏陶。同时，还可以通过社交媒体、短视频等平台传播爱国思想和文化，增强爱国主义教育的吸引力和感染力。例如，可以制作一系列关于国家历史、文化、科技等方面的短视频，让学生在观看的过程中感受到国家的伟大和民族的骄傲。

然而，信息化时代也带来了一些负面影响，如网络谣言、虚假信息等的传播，可能对青少年的价值观产生不良影响。因此，在信息化时代，爱国主义教育需要更加注重对网络空间的监管和引导。学校应当加强对学生的网络素养教育，提高他们的信息鉴别能力和自我保护能力。同时，学校还需要加强与相关部门的合作，共同打击网络谣言和虚假信息的传播，为学生营造一个健康、安全的网络环境。

三、新时代爱国主义教育的创新与发展

在新时代背景下，爱国主义教育面临着新的形势和任务。为了更好地适应时代发展的需要，爱国主义教育必须进行创新和发展。

（一）结合时代热点，增强教育实效

在新时代背景下，爱国主义教育不能仅停留在课本和课堂，而是要紧密结合时代热点，通过具体生动的案例和事件，让学生深切感受到爱国主义的现实意义。例如，每当国家取得重大科技突破，如"天问"系列探测器的成功发射、"嫦娥工程"的稳步推进、北斗导航系统的全球组网等，都可以作为爱国主义教育的生动教材。学校可以通过组织专题讲座、观看直播、开展主题班会等形式，让学生深入了解这些科技成果背后的故事和科学家们的奋斗历程。通过这些活动，学生可以更加直观地感受到国家的强大和科技的进步，从而激发他们的爱国情感和科学精神。

此外，学校还可以结合国家重大事件和节日，开展爱国主义教育活动，如国庆节、建党节、中国人民抗日战争胜利纪念日等，都是进行爱国主义教育的重要时机。学校可以通过组织升旗仪式、文艺演出、演讲比赛等活动，让学生在活动参与中感受国家的荣

耀和民族的骄傲。

（二）利用先进典型，树立学习榜样

在新时代，各行各业都涌现出了许多爱国奉献的先进典型。他们的事迹不仅感人至深，而且具有鲜明的时代特征。学校可以将这些先进典型作为爱国主义教育的鲜活教材，通过组织学生观看纪录片、阅读传记、做人物访谈等方式，让学生近距离感受他们的爱国情怀和奋斗精神。

例如，在脱贫攻坚战中涌现出的优秀驻村第一书记、扶贫干部等，他们用自己的实际行动诠释了什么是真正的为人民服务、什么是无私的爱国情怀。通过这些先进典型的示范引领作用，学生可以更加深刻地理解爱国主义的内涵和价值。

（三）融入社会实践，强化情感体验

爱国主义教育不仅仅是理论知识的传授，更重要的是通过社会实践来强化学生的情感体验。学校可以组织学生参与各种社会实践活动，如志愿服务、红色旅游、社会调查等，让学生在实践中感受国家的发展和变化，增强他们的国家意识和民族自豪感。

例如，学校可以组织学生前往革命老区、红色遗址进行参观学习。通过实地考察和亲身体验，学生可以更加深入地了解革命先烈的英勇事迹和革命精神，从而激发他们的爱国情感和奋斗精神。同时，学校还可以组织学生参与社区服务、环保行动等志愿服务活动，让他们在实践中体验为人民服务的快乐和满足。通过这些社会实践活动，学生可以更加深刻地认识到自己的责任和使命，为国家的繁荣和发展贡献自己的力量。

（四）利用新媒体平台，拓展教育渠道

在信息化时代，新媒体平台为爱国主义教育提供了新的渠道和方式。学校可以利用微博、微信、抖音等新媒体平台，发布爱国主义教育相关内容，与学生进行互动交流。这些平台具有广泛的覆盖面和强大的传播力，可以迅速地将爱国主义教育内容传递给广大学生。

同时，学校还可以利用这些平台开展线上教育活动，如网络直播课堂、在线知识竞赛、主题短视频创作等。通过这些活动，学生可以更加便捷地接受爱国主义教育，同时也可以在轻松愉快的氛围中增长知识和见闻。例如，学校可以邀请知名学者、英雄模范等通过直播形式与学生进行面对面交流，分享自己的经历和感悟；也可以组织学生参加爱国主题短视频创作比赛，激发他们的创造力和参与热情。

（五）注重家庭教育与社会教育的协同作用

爱国主义教育是一个系统工程，需要家庭、学校和社会三方面的共同努力。学校应当加强与家长的沟通与合作，共同营造良好的家庭教育环境。家长是孩子的第一任老师，他们的言行举止对孩子的影响是深远的。因此，学校应当引导家长树立正确的教育

观念，注重培养孩子的爱国情怀和责任感。同时，学校还应当积极争取社会各界的支持和参与，如与博物馆、纪念馆等文化单位建立合作关系，为学生提供更多的学习资源和实践机会。

此外，学校还可以利用社会上的各种爱国主义教育资源，如重大节日庆典、国家公祭日等活动，加强对学生的教育。通过这些活动，学生可以更加深入地了解国家的历史和文化，增强民族自豪感和爱国情感。同时，学校还应当注重与社会各界的沟通与合作，共同构建爱国主义教育的立体网络，为学生提供全方位、多层次的教育体验。

第五节 "全景式"爱国主义教育的内涵

一、爱国主义教育的深度解析

爱国主义教育，作为塑造学生精神世界的重要基石，其核心价值在于培育学生对祖国的深厚情感。这一教育理念，根植于爱国主义这一基本情感之上。它不仅仅是简单的口号或抽象的概念，而是具体体现在个人对祖国的深厚依恋和积极支持之中。《现代汉语词典（第7版）》将爱国主义定义为"对祖国的忠诚和热爱的思想"，这一界定简洁明了，深刻揭示了爱国主义作为个体与国家之间情感纽带的本质。而在《新时代爱国主义教育实施纲要》中，爱国主义被进一步阐释为个人或集体对祖国的一种积极支持的态度。它不仅体现了个人对祖国的依存关系，更是人们对自己家园、民族和文化归属感、认同感、尊严感与荣誉感的统一体。

爱国主义不仅仅是停留在思想观念层面的情感表达，它更是一种实践行动。正如习近平总书记所强调的："爱国，不能停留在口号上，而是要把自己的理想同祖国的前途、把自己的人生同民族的命运紧密联系在一起，扎根人民，奉献国家。"[①] 这一论述，为爱国主义的实践指明了方向，即要求人们在心中怀揣"国之大者"，自觉担当起时代赋予的使命，坚定理想信念，紧跟党的步伐，做新时代忠诚的爱国者。将爱国情感、强国志向、报国行动自觉融入坚持和发展中国特色社会主义事业、建设社会主义现代化强国、实现中华民族伟大复兴的宏伟蓝图之中，是爱国主义教育的最终目标。

爱国主义教育，作为思想政治教育的重要组成部分，具有极大的号召力和感染力，是中华民族优良传统的集中体现。它不仅对于社会发展、民族振兴具有重要意义，更能够提升社会成员的社会认同感和归属感，使其树立正确的是非荣辱观念，增强其社会责任感。中国共产党自成立以来，始终高度重视爱国主义教育，特别是在党的十八大以

---

① 习近平：《在北京大学师生座谈会上的讲话》，人民出版社，2018年，第16页。

来,党中央更是将弘扬爱国主义精神提到了前所未有的高度,将其作为凝魂聚气、强基固本的重要手段。

在新时代背景下,爱国主义教育是对习近平总书记提出的"用新时代中国特色社会主义思想铸魂育人,贯彻党的教育方针落实立德树人根本任务"①的实践回应。青少年作为国家的未来和民族的希望,是爱国主义教育的重点对象。因此,将爱国主义教育贯穿于学校教育全过程,成为当前教育工作的重要任务。习近平总书记明确指出:"要结合弘扬和践行社会主义核心价值观,在广大青少年中开展深入、持久、生动的爱国主义宣传教育,让爱国主义精神在广大青少年心中牢牢扎根,让广大青少年培养爱国之情、砥砺强国之志、实践报国之行,让爱国主义精神代代相传、发扬光大。"②这一论述,为新时代爱国主义教育指明了方向,提供了根本遵循。

二、"全景式"概念的拓展与应用

"全景式"这一概念,最初起源于文学创作领域,特指一种多角度、多方面的写作形式。它主要用于描绘背景宏伟、人物众多、时空跨度大的重大题材,作家通过全方位的立体叙述,展现事件的丰富内容和澎湃气势。后来,"全景式"这一概念被广泛应用于影视文艺作品,特别是随着虚拟现实技术的发展,VR电影等新型艺术形式应运而生。这些作品借助计算机系统及传感器技术生成三维环境,创造出一种崭新的人机交互方式,模拟人的各种感觉器官功能,使人能够完全沉浸在虚拟境界中。其全景的广阔镜头、立体成像与环绕音响的虚拟技术,彻底冲破了传统影院的维度限制,让观众完全沉浸于影片内容之中。

随着数字技术的不断发展和广泛应用,"全景式"呈现方式逐渐被引入博物馆、场景文化、红色研修、阅读教学等多个领域。在教育领域,"全景式"模式成为一种新的教育趋势,强调通过全方位、多角度的教育方式,为学生提供更加丰富、立体的学习体验。例如,"全景式"阅读教学采用多样化课程形态、多元化阅读方式,调动阅读教学活动中的全部信息资源,构建沉浸式、交互式阅读环境,形成阅读教学的"外全景";同时激发学生的全部感知能力,丰富学生的全面阅读体验,提升情感、沟通、合作、交流等非认知因素的作用,形成阅读教学的"内全景"。

三、"全景式"教育的内涵与特点

"全景式"教育主要体现在范围和内容两个层面。从范围层面来看,"全景式"教育

---

① 张烁、谢环驰:《习近平主持召开学校思想政治理论课教师座谈会强调 用新时代中国特色社会主义思想铸魂育人 贯彻党的教育方针落实立德树人根本任务》,《人民日报》,2019年3月19日第1版。
② 《习近平在中共中央政治局第二十九次集体学习时强调 大力弘扬伟大爱国主义精神 为实现中国梦提供精神支柱》,《人民日报》,2015年12月31日第1版。

强调"全区域""全育人""全学段""全学科""全过程""全参与""全时空"等理念的实施。这要求我们在教育工作框架中进行整体设计,并在实际工作中进行具体实施。例如,"全育人"理念要求学校组织全体教职工人员参与"全景式"爱国主义教育的工作体系之中,形成全员参与、全方位覆盖的教育格局。通过全体职工参加服务保障体系、全体教师参加相应学科的爱国主义知识教育、党员教师参加专题突破活动、班主任参加活动课程,以及家长参与假期的爱国主义教育社会实践等方式,实现爱国主义教育的全面渗透和深入实施。

从内容层面来看,"全景式"教育是一种独特的教育模式,它不再局限于一时一事的书本文字,而是以大历史观全景展现相关知识,为受教育者提供更加宽阔的教育背景。新时代"全景式"的爱国主义教育,就是以一种全方位、立体式的教育视角,通过对相关爱国知识的全景呈现和问题的全景再现,让受教育者受到以爱国主义为指向的各方面的熏陶和教育。这种教育模式不仅注重知识的传授,更注重情感的激发和价值观的塑造,旨在培养学生的爱国情怀、民族精神和时代责任感。

四、"全景式"爱国主义教育的实践探索

学校的爱国主义教育"全景式"实践,既体现在教育内容的"全景"上,也体现在教育范围的"全景"上。

从教育内容来看,"全景式"爱国主义教育注重将爱国主义教育的知识放在大视野、大历史背景中进行分析和呈现。这要求学生不仅要了解爱国主义的基本概念和内涵,还要深入了解祖国的历史文化、民族精神和时代发展等方面的知识,从而形成对祖国的全面认识和深刻理解。

从教育范围来看,"全景式"爱国主义教育体现在教师的"全育人"、学生的"全学段"、知识的"全方面"、专题的"全过程"和体验的"全参与"等方面。具体来说,从主导维度来讲,爱国主义教育要"全员育人",即学校的教育者全体都参与爱国主义的教育实践中,在增强意识、夯实思想基础的同时,融入服务体系、课程体系、活动体系等各个方面,突出"为党育人、为国育才"的教育理念。

从时间维度来讲,"全景式"爱国主义教育要在"全学段"开展。这要求我们在初、高中不同学段根据学生的身心特点实施有差异的爱国主义教育。例如,在初中阶段可以注重培养学生的爱国情感和民族自豪感,而在高中阶段则可以更加注重培养学生的国家责任感和时代使命感。

从学科维度来讲,"全景式"爱国主义教育要实现知识的"全方面"渗透。这既要发挥思政课在立德树人方面的关键作用,同时也要注重其他学科在爱国主义教育中的渗透作用。例如,在历史课中可以通过讲述祖国的历史文化来激发学生的爱国情感,在地理课中可以通过介绍祖国的山川河流来培养学生的民族自豪感,在语文课中则可以通过诵读经典诗文来传承和弘扬中华民族的优秀传统文化。

爱国心，青春梦
—— 新时代"全景式"爱国主义教育探索与实践

从空间维度来讲，"全景式"爱国主义教育要在专题教育中"全过程"实施。这要求我们突出学校特色活动的过程要素，通过组织各种形式的专题教育，如主题班会、演讲比赛、文艺演出等来加深学生对爱国主义的理解和认识。同时，我们还要注重将这些活动与学生的日常生活紧密结合起来，让学生在实践中感悟和体验爱国主义的真谛。

从教育主体维度来说，"全景式"爱国主义教育要使学生主体"全参与"发展。这要求我们培养学生正确的国家观、历史观、民族观和文化观，同时强化体育锻炼、加强美育工作、重视劳动教育。通过深化育人关键环节和重点领域改革，努力培养德智体美劳全面发展的社会主义建设者和接班人。在这一过程中，我们要注重激发学生的积极性和主动性，让他们在参与中体验、在体验中感悟、在感悟中成长。

综上所述，"全景式"爱国主义教育是一种全方位、多角度、立体式的教育模式。它要求我们在教育实践中注重整体设计和全面实施，通过在教师的"全育人"、学生的"全学段"、知识的"全方面"、专题的"全过程"和体验的"全参与"等方面的努力，培养学生的爱国情怀、民族精神和时代责任感。同时，"全景式"爱国主义教育还要求我们不断创新教育方式和方法，利用现代科技手段和数字技术为教育提供新的支撑和动力。只有这样，我们才能更好地适应新时代的要求和挑战，为培养德智体美劳全面发展的社会主义建设者和接班人贡献自己的力量。

第二章 "全景式"爱国主义教育的实践框架建构

第一节 "全景式"爱国主义教育实践的总体框架

一、框架构建的理论依据

成都市第三十六中学校从培养担当民族复兴大任的时代新人的视角出发,以"全景式"样态为研究切入点,研究教师教育行为、学生学段教育、学科建设发展、专题突破内容、活动强化范式等,高质量地完成国家爱国主义教育的"校本化",促成新时代学生具备爱国情怀、爱国精神和爱国行动,实现德智体美劳全面发展,更好地践行学校"立志成才,报效祖国"的校训。基于此,学校"全景式"爱国主义教育总体框架建设的基本理论依据如下。

(一)根据结构化意识,建立"全景式"爱国主义教育实践结构化实施框架

所谓结构化意识,包括两个方面:一是具有强烈的从结构到结构的思想,学习是从教材知识结构、学生已有认知结构等出发,生成新的认知结构的过程;二是在新的认知结构形成的过程中,需要严谨的推理和论证过程(批判性思维)。林崇德先生认为,在核心素养的总框架中,文化基础里的人文底蕴与科学精神、社会参与中的实践创新、自主发展中的学会学习等,都在强调学习的过程不仅仅是接受知识,同时包括如何发展思维能力。[1] 因此,他认为,思维品质的训练是发展智力、培养能力的突破口。从思维品质发展的角度分析,结构化的思考能帮助学生掌握科学的思维方法,促使学生思维能力提升。因此,结构化思维方式是促使核心素养落地的重要抓手和主要途径。基于此,学

---

[1] 林崇德:《思维品质的训练对学生有多重要?》,https://mp.weixin.qq.com/s/uvpPZb1Jx18ByZ9NNbdoqA.

校进一步梳理爱国主义教育的现状,理解"全景式"内涵,整合学校爱国主义教育的内容,破解爱国主义教育碎片化、延续性差的问题,形成学校的"全景式"爱国主义教育实施框架,并尝试建立学校爱国主义教育范式,促进爱国主义教育实践的高质量发展。

(二)遵循国家课程校本化的课程理念,实现教育行为"全育人"的爱国主义教育实践

《义务教育课程方案和课程标准(2022年版)》《普通高中课程方案和语文等学科课程标准(2017年版2020年修订)》(以下简称"新课标")颁布后,国家课程校本化越来越受到学校的重视。如何深度实现课程校本化?需要基于国家课程,将相关教学内容借助学校原有的特色课程内容进行整合,这种整合可以是学科内的,也可以是跨学科的,从而融合出更适合学校、适切学生的课程内容。也就是说,学校需要依据新课标提出的目标与要求,将课程内容转化为学生的学习内容,立足学习者的发展需要,基于学校的实际情况,寻找适切学生学习、易于操作的学习内容,便于学生了解、实践与学习。在"全景式"爱国主义教育实践中,全体教师发挥因势利导、课程育人的作用,以学生为爱国主义教育的主体,全面渗透爱国主义知识。教师在教学目标、教学内容、教学方法的设计上,在教学途径、教学评价的选择上,以学生为中心,让学生在课堂教学、情境探索、活动体验、社会实践中去思考,促进爱党、爱国和爱社会主义教育的统一。

(三)根据皮亚杰的认知发展理论,促进学生"全学段"接受爱国主义精神的涵养

皮亚杰提出,人的认知(思维)发展依次经过四个主要阶段,每个阶段都大致对应一定的年龄范围,而且每个阶段都以行为的质变为特征。① 人的认知发展既是连续的,又是分阶段的,每个阶段是前一阶段的自然延伸,也是后一阶段的必然前提,发展阶段不能逾越,也不能逆转,认知总是朝着必经的途径向前发展。因此,我们应着眼于学生的爱国主义知识的最近发展区,为学生提供相应的内容,调动学生的积极性,发挥其潜能,尽最大可能提升其最近发展区的爱国认知水平,为下一个发展区的发展奠定基础。由此认知出发,学校通过建立符合学校实际的爱国主义教育主题,开发和实施具有学校特色的爱国主义教育课程,广泛开展爱国主义教育评价,促进"全学段"学生的爱国主义教育。

(四)依照苏霍姆林斯基的个性全面和谐发展的教育观,进行"全过程"的爱国主义教育专题突破

苏霍姆林斯基教育思想的核心是个性全面和谐发展的教育观,包括人在品行上和同

---

① 熊哲农、李其维:《论儿童的文化发展与个体发展的统一——维果茨基与皮亚杰认知发展理论的整合研究论纲》,《华东师范大学学报(教育科学版)》,2022年第20卷第1期,第11页。

他人相互关系上的道德纯洁，意味着体魄的完美、审美需求和趣味的丰富及社会和个人兴趣的多样。苏霍姆林斯基认为，个性全面和谐发展教育由德育、智育、体育、美育和劳动教育组成。①德育：苏霍姆林斯基指出，全面和谐发展的核心是高尚的道德，因此，在个性全面和谐发展的教育中，道德应当居于首位且应当及早开始。②智育：智育包括获取知识，形成科学世界观，发展认识和创造能力，养成脑力劳动的技能，培养对脑力劳动的兴趣和要求，以及对不断充实科学知识和运用科学知识于实践的兴趣和要求。③体育：重视身体健康发展在个性全面和谐发展中的作用，把体育看作健康的重要因素、生活活力的源泉。④美育：感知美、认识美和创造美的能力是个性全面和谐发展中不可或缺的组成部分，因此美育也成为个性全面和谐发展教育的有机组成部分。⑤劳动教育：劳动教育的任务就是要让劳动深入学生的精神生活，使学生在少年时期和青少年时期就对劳动产生兴趣并热爱它。① 基于此，学校将国防教育作为专题突破，实施"全过程"特色课程的重点突破，并进一步明晰国防教育与爱国主义教育的关系，进一步优化学校的国防教育课程，提升国防教育与爱国主义教育实践的融合共生，促进学校特色的深度发展，真正培养德智体美劳全面发展的社会主义建设者和接班人。

（五）根据加德纳的多元智力理论，形成学校学生"全参与"的爱国主义教育实践样态

加德纳认为，智力的内涵是多元的，它由八种相对独立的智力成分构成，这八种智力成分分别为言语智力、逻辑数学智力、空间智力、音乐智力、身体运动智力、人际关系智力、自知智力（内审智力）、自然智力。② 该理论认为每一个孩子都是一个潜在的天才儿童，每一个孩子都有自己的"学习风格"，所以教师应注意尊重学生的学习风格，认识学生的长处，发挥学生的智能所长。基于此，学校要建设好"全景式"爱国主义教育宣传文化，设计好能激发学生兴趣、培养学生综合素质的爱国主义教育活动；完善好校内为主、校外为辅，家校社协同的"全参与"教育格局；用好大众传媒、博物馆、纪念馆、红色教育基地等资源，引导学生积极"全参与"生活化的、具体化的爱国主义教育活动，发挥好家庭、学校、社会等教育力量的协同育人功能，构建良好的"全景式"爱国主义教育环境。

（六）"全区域"完善学校的爱国主义教育文化

全面继承和弘扬爱国主义精神涉及学校教育教学的各个方面，"全区域"体现在将爱国主义精神融入学校的文化建设之中。显性方面，主要利用学校的橱窗、宣传栏、网站、微信公众号等阵地，对相关爱国主义教育知识进行介绍和宣传；隐性方面，进一步对指向爱国主义教育的学校精神文化进行凝练，完成对这些精神文化的解读。

---

① 吴德：《"和谐发展观"引发教育的嬗变》，《教育探索》，2006年第2卷，第42~43页。
② 敬军：《论多元智力理论与素质教育》，《教书育人》，2006年第20期，第22页。

二、总体框架设计

在新时代爱国主义教育政策要求的基础上,学校立足爱国主义精神培育,做好顶层设计,并结合学校发展的实际,基于学校办学优势,构建"全区域""全育人""全学段""全方面""全过程""全参与"的"全景式"爱国主义教育实践的总体框架,如图2-1所示。

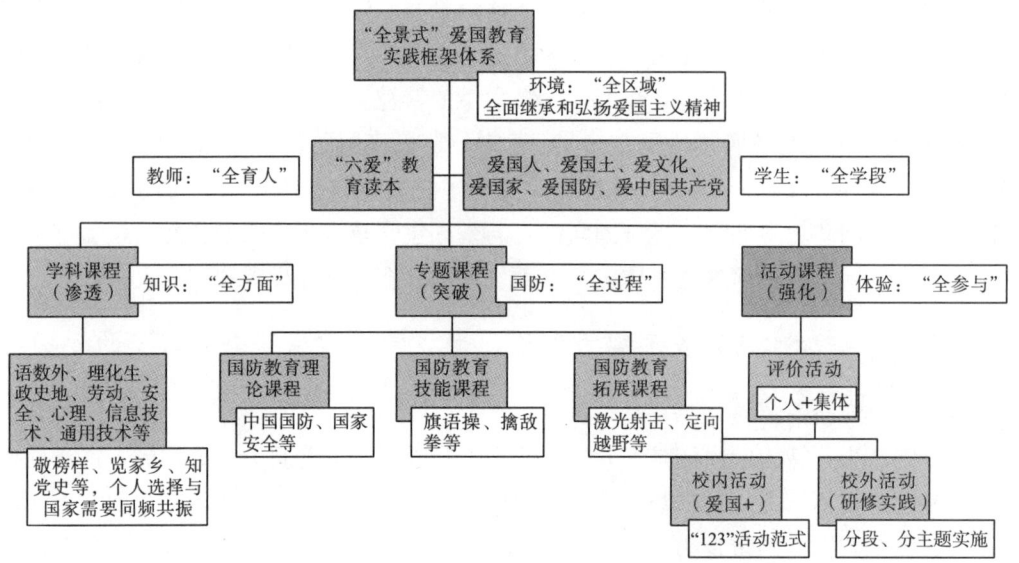

图2-1 "全景式"爱国主义教育实践的总体框架

从主导维度来讲,爱国主义教育要"全员育人",即学校的教育者全体都参与爱国主义的教育实践,在增强意识、夯实思想基础中融入服务体系、课程体系、活动体系等,突出"为党育人、为国育才"。从时间维度来讲,爱国主义教育要在"全学段"开展,根据学生不同的身心特点,在初、高中实施有差异的爱国主义教育。从学科维度来讲,爱国主义教育要实现知识的"全方面"渗透,既要发挥思政课"立德树人"的关键作用,又要发挥其他学科的渗透作用。从空间维度来讲,爱国主义教育要在专题教育中"全过程"实施,突出学校特色活动的过程要素。从教育主体维度来说,爱国主义教育要促进学生主体的"全参与",培养学生正确的国家观、历史观、民族观、文化观,强化体育锻炼,加强美育工作,重视劳动教育,深化育人关键环节和重点领域改革,努力培养德智体美劳全面发展的社会主义建设者和接班人。

(一)"全区域"即教育环境"全区域"

通过建设党建引领区、师德示范区、爱国拥军区、国防展示区、学校文化区、健康生活区、"五育并举"区、畅享阅读区、生态文明区、学生风采区等"爱国十区",展现

"爱国主义"文化之境;通过建立"大国工匠""共和国勋章""遨游科技世界""党员示范岗""十大元帅事迹展示墙""十大战役显示区"等楼道文化,追寻"爱国主义"文化之魂;通过建立体现校训"立志成才,报效祖国"的教育场景,厚植"爱国主义"思想情怀。如在校园中创设军旅文化情境,努力将学校营造成师生接受军旅文化熏陶的"教育场",让学生在耳濡目染中感受军旅文化,随时随地体验国防教育。具体可采取以下做法。一是让校园变"军营"。学生在校须着少年军校军服,佩戴少年军校肩章、胸标。各班制作有部队文化特色的班牌、班级墙报,形成"满校橄榄绿,军号声嘹亮"的校园氛围。二是让展馆变"基地"。展示学校少年军校发展历程和重大特色活动,设立军事阅览室,为学生提供军事题材的读本和视频学习资料,丰富国防教育学习内容。三是让墙壁和橱窗变成"教科书"。学校精心制作体现少年军校特色的文化、艺术、科技、军事展牌,让墙壁和橱窗成为"会说话"的"书"。四是建雕塑显"军魂"。学校修建红军长征、军魂等雕塑,立雷锋、航天英雄丰碑,建立国防乐园等,以此彰显少年军校"军魂",如图2-2所示。五是让国防生树"楷模"。将国防班学生塑造成标准的少年军人,为全校学生树立楷模。

图2-2 军魂雕塑下宣誓

(二)"全育人"即教师教育行为"全育人"

将爱国主义教育渗透到语文、数学、英语、物理、化学、生物、政治、历史、地理、音乐、体育、美术、信息技术、通用技术、心理健康等具体学科中，全体教师充分发挥学科优势和课程育人功能，让学生在不同学科的课堂教学、情境探索、活动体验、社会实践中去思考，促进爱党、爱国和爱社会主义的统一。

比如将爱国主义教育渗透到数学学科。数学与国家的历史和文化紧密相连，是中华五千年灿烂文明的重要组成部分。在我国古代，数学家们以卓越的智慧和辛勤的努力，为世界数学的发展作出了不可磨灭的贡献。早在汉代，我国就有了《周髀算经》这样的数学著作，开启了我国数学发展的先河；而到了唐宋时期，我国的数学发展更是迎来了高峰，数学家们不仅在数学理论上取得了重大突破，还将数学应用于天文、历法、工程等领域，为世界数学的发展贡献了中国智慧。回顾这些古代数学家的杰出贡献，将会使学生产生深深的民族自豪感和国家认同感。这些数学家不仅是我们国家的骄傲，更是我们民族的瑰宝。这些古代数学家的故事和成就，可以激励学生为国家和民族的发展贡献自己的力量，增强他们的责任感和使命感。在现代数学领域，我国也取得了许多重大成就。在基础理论研究、应用数学、计算数学等领域，我国的数学家们不断取得新的突破和进展，为世界数学的发展贡献了中国力量。这些成就，同样可以激发学生的民族自豪感和国家认同感，让他们深刻感受我国在数学领域的实力和影响力。

再比如可以结合物理知识讲解国家建设的成就。物理是研究物质基本结构和运动规律的学科，是科技进步的基石。物理学科为国家的科技发展提供了基础理论和关键技术。我国在信息、能源、交通等领域的重大科技项目，都离不开物理学的支撑。近年来，我国在科技领域结出了累累硕果。5G通信、特高压输电、高速铁路、可控核聚变等重大项目的成功实施，都离不开物理学的支持。这些项目的成功，不仅提升了我国在国际上的科技地位，也为人类社会的发展作出了重要贡献。在5G通信技术中，物理学的原理在信号传输、频谱利用、天线设计等方面发挥了至关重要的作用。在高速铁路建设中，流体力学和空气动力学原理的应用，确保了列车的高速稳定运行。可控核聚变项目则依赖于等离子体物理的理论和技术。仔细阅读教材会发现，高中物理教材中有非常多的图文并茂的文字说明，例如书中以风驰电掣的高铁列车图片，引入对运动的学习和描述；以歼－15舰载机和"辽宁号"航母等图文资料，向学生展示国家建设的成果。高中物理教师要广泛挖掘教材素材，并适当拓展，为学生注入"热血"，提高学生学习物理的积极性，在他们的心中种下投身祖国科技事业的种子。

（三）"全学段"即学生"全学段"涵养爱国主义教育

习近平总书记指出，"广大青年学生要以国家富强、人民幸福为己任，胸怀理想、志存高远，投身中国特色社会主义伟大实践，并为之终生奋斗"，"心中有阳光，脚下有力量，为了理想能坚持、不懈怠，才能创造无愧于时代的人生"①。因此，学校要引导广大青少年树立正确的价值观，涵养新时代的爱国主义精神。

---

① 习近平：《在知识分子、劳动模范、青年代表座谈会上的讲话》，人民出版社，2016年，第11页。

比如在校本化课程中，针对不同年级开展不同内容的爱国主义教育。对七年级学生，主要围绕"学优秀榜样，爱祖国人民"这一主题，选取中国历史上的榜样人物的感人事迹，让学生学习这些榜样的力量，树立远大理想，勇敢追求自己的梦想，同时也不忘回报社会，贡献自己的智慧和力量。对八年级学生，主要围绕"述家乡变迁，爱疆域国土"这一主题，梳理成都从古至今的历史变迁和灿烂文化。家乡是我们生命的起点，承载着我们的记忆、情感和文化传统。爱疆域国土，是对更广义的家乡的热爱和珍视，是对祖国山川湖海的深深眷恋。对九年级学生，主要围绕"承革命传统，爱先进文化"这一主题，总结我们党和人民在长期革命斗争中积累的宝贵财富，这些财富是我们前赴后继、艰苦奋斗的力量源泉。革命传统承载着革命先辈们为了民族独立、人民解放而英勇奋斗的光荣历史，蕴含着革命精神、坚定信念和不畏艰险的勇气，激励着我们在新时代继续前行。对高一年级学生，主要围绕"感国防力量，爱人民军队"这一主题，展示中国海陆空作战的新质能力和强大实力，增强学生爱党爱国爱社会主义的深厚感情、居安思危的忧患意识、崇军尚武的思想观念、强国强军的责任担当，让关心国防、热爱国防、建设国防、保卫国防成为青年学生的思想共识和自觉行动。对高二年级学生，主要围绕"览改革成效，爱富强国家"这一主题，呈现新中国成立以来，特别是改革开放以来政治、经济、文化、科技、外交等各领域的伟大成就，引导学生探讨这些成就对中国乃至全球发展的影响，并思考未来中国各领域的发展方向和挑战。对高三年级学生，主要围绕"知党史精神，爱中国共产党"这一主题，讲述中国共产党在团结带领中国人民站起来、富起来、强起来的伟大历程中的重要历史事件和凝铸而成的宝贵精神，引导学生汲取精神力量，珍惜历史成就，努力学习，不断进步，为实现中华民族伟大复兴的中国梦贡献自己的智慧和力量。

（四）"全过程"即国防教育专题突破"全过程"

2005年，成都市第三十六中学校确定了以少年军校为载体、以国防教育为品牌的特色办学之路，成为成都市第一所少年军校。十几年来，学校坚持以少年军校为载体，秉承国防教育"四个一"的工作思路，即"让每一个决策紧随国防教育，让每一处环境彰显国防文化，让每一个教师参与国防课程，让每一名学生受到国防熏陶"，采用"国防教育进课堂、军事训练上操场"的办学模式，通过"国防教育制度化""国防教育多样化""国防教育课程化""国防教育常态化""国防教育激励化""国防教育协同化"等"六化"路径构建国防教育基本框架；通过"将军进校园""英模进校园"等"两进校"路径拓展国防教育军地资源；通过"国防教育与'五育并举'相融合""国防教育与爱国拥军教育相融合"等"两融合"路径挖掘国防教育时代内涵，有效构建起军校文化的学生成长体系，形成了鲜明的国防教育特色。学校先后被评为"全国国防教育示范校""全国国防教育先进单位""全国国防教育特色学校""全国少年军校示范校""四川省少年军校示范校""四川省国防教育基地"。学校的国防教育办学特色被《基础教育参考》《时代教育》《教育家》等报纸杂志报道，国防教育实践活动多次被中央电视台、中国文

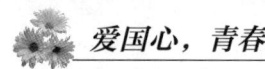

明网、四川文明网等媒体报道。学校结合国防教育特色、学校师生发展实际、北部新城的发展机遇等因素，通过国防教育特色课程建设深度挖掘学校办学特色及文化内涵，提炼学校核心办学理念，丰富完善学校"顶层设计"，提升教学效益和教育质量，提高学校声誉与影响力。

（五）"全参与"即家校社协同的"全参与"教育格局

依托丰富的校内、校外资源，充分发挥家庭、学校、社会等教育力量的协同育人功能，通过开展"智育为本，育智固本""艺润丹心，以美育人""铸魂育人，成德于行""劳动筑梦，知行合一""军体结合，强体健心"等"五育并举"生活化、具体化的爱国主义教育活动，加强学生的爱国主义教育。比如邀请将军进校园，与学生进行交流、演讲或展示军事技能，加强学生对国防教育的了解，培养他们的国家意识和爱国情怀。将军进校园活动通常包括以下内容：一是军事演讲。将军或军事专家会在校园内给学生进行军事主题的演讲，介绍国家安全形势、军事历史、军队建设和军人精神等方面的知识。通过生动的讲述和实例，激发学生对国防事业的兴趣和热情。二是军事展示。将军进校园也可能展示军事技能和装备，如军事器械、装甲车辆、军事航空装备等。这种展示可以让学生近距离接触到军事装备，了解现代军事科技的发展和应用。三是交流互动。将军进校园的活动通常还包括与学生的互动环节，如与学生座谈、回答学生提问、分享自己的军事经验等。这种交流互动可以让学生更加深入地了解军人的职责、军队的使命和军队与社会的关系。学校还会邀请英模进校园，开展"追寻英雄、致敬英雄、学习英雄"主题活动。一是英模事迹分享。英模会与学生分享自己的英勇事迹和经历，讲述自己的故事，激励学生勇敢面对困难和挑战，树立正确的价值观和品德观。二是爱国主题教育。英模进校园的活动可以通过讲述爱国主题的故事、演讲等方式，唤起学生对国家和社会的关注，培养他们的爱国情感和社会责任感。三是人生价值观教育。英模的到来可以引导学生思考人生的意义和价值，激发他们积极向上、追求卓越，塑造正确的人生观和价值观。

（六）"全方面"即知识"全方面"获取

通过"全区域"的环境浸润、"全育人"的教学行为、"全学段"的精神涵养、"全过程"的国防教育、"全参与"的教育格局，助力学生实现爱国主义教育"知、情、意、信、行"等方面的收获。例如，在讲述初中地理"疆域"时，既要让学生说出我国的地理位置和特点，记住我国的领土面积，在地图上查阅我国的四至，运用地图对比其他国家，说出我国的地理位置优越性，还要通过学习，激发学生爱国主义情感，明确我国既是陆地大国，又是海洋大国，强化民族自尊心和自信心，形成保卫祖国领土完整的神圣责任感，增强爱国意识。在讲述外研社英语必修第一册第六单元"At one with nature: Longji Rice Terraces"时，可以通过寻读，理解文章大意，把握说明文的文体特征，分析作者的写作意图；通过细读，了解龙脊梯田的四季之景、历史渊源、修建理由、工作原理，以及目前状况，并恰当地运用所学介绍龙脊梯田；通过读后的一系列迁移创新活动，了解当地人民尊重自然、利用自然、改造自然的行为，感知中国人与自然和谐共处的智慧，增强爱国意识。

三、框架构建的意义

"全景式"爱国主义教育实践总体框架着眼于贯穿党的教育方针、落实立德树人根本任务的现实需要，是深入回答"培养什么人、怎样培养人、为谁培养人"这一根本问题的创新探索，符合新时代爱国主义教育的行动指向。

（一）有利于学校的文化建构，让学校文化更鲜明

"全景式"爱国主义教育包括学校文化爱国主义教育的全景体现，在精神文化、行为文化、物质文化和制度文化中，蕴含爱国主义精神的涵养或爱国主义精神的体现，显性文化和隐性文化皆体现爱国主义核心指向，提高学校"为党育人、为国育才"的政治站位，让学校高质量发展成为可能。

（二）有利于学生的行为发展，让全体学生满怀报国志

"全景式"爱国主义教育包含学生的全学段、知识的全方面等，让每一个学生都得到爱国主义教育的文化熏陶和活动体验，增强他们理性爱国的判断力，培养正确的爱国行为，从而激发他们的社会责任感、国家认同感，做出与国家发展"同频共振"的职业选择。

（三）有利于德育课程的统整，建设学校的大德育体系

相对于传统单一的、离散性的、壁垒化的德育课程，"全景式"爱国主义教育实践以全面的、整体的、联结的、统合的、探究的思维方式，整合相关的教育课程；以缔结生成性的爱国目标，追求品德生长，在有机统一的爱国知识中，持守爱国教育课程取向，在开拓、深化和贯通中，推动学校大德育课程体系的建构。这种课程化的建构与校本实践有利于增强教育者的课程统整意识，有助于提高教师的德育意识，通过统筹与设计、目标和结构、过程与方法，让教育教学联系更加紧密，增强学校教育工作的实效性。

（四）有利于学校特色的凝练，让学校办学特色更鲜明

"全景式"爱国主义教育不是泛在的爱国主义教育，它是对内容庞杂、互不关联、空多实少、没有主题的贯穿式爱国主义的纠偏，是对学校教育课程随意性、盲目性等问题的诊疗。这种爱国主义教育让个体体验的靶向性更加突出，从而让学校专题性的特色教育更加鲜明。

第二节 "全景式"爱国主义教育实践的文化支撑

近年来,学校将爱国主义精神与学校办学宗旨、办学思路、管理理念、校训等结合,潜移默化地对全体师生进行爱国主义精神的涵养,为"全景式"爱国主义教育实践提供了强有力的文化支撑。

一、制度文化

(一)大力发展素质教育,促进学生全面发展、健康成长

学校根据《中共中央 国务院关于深化教育教学改革全面提高义务教育质量的意见》《国务院办公厅关于新时代推进普通高中育人方式改革的指导意见》和教育部印发的《普通高中学校办学质量评价指南》,修订了学校办学章程,制定了《成都市第三十六中学校新时代转变育人方式,提高育人质量的实施意见》,明确了学校的培养目标和实施路径,形成了正确的政绩观、科学的质量观和人才成长观,确保立德树人根本任务和"五育并举"各项措施落到实处。

为促进学生健康成长、全面发展,学校制定了《成都市第三十六中学校素质教育发展五年规划》《成都市第三十六中学校"五育并举"的内部质量保障制度》《成都市第三十六中学校德育工作五年发展规划》《成都市第三十六中学校创建成都市艺术特色学校实施方案》《成都市第三十六中学校关于新时代加强和改进劳动教育方案的实施方案》,构建了满足学生共同成长需要和个性成长需求的德智体美劳全面培养体系。学校完善了家庭、学校、社会协同育人的机制,制定了《成都市第三十六中学校家委会职责》和《成都市第三十六中学校家长与学校联系制度》,构建了"亲清家校"关系,制定了家长开放日制度和学校教师家访制度,促进了家校之间的交流。学校制定了与社区共同育人的工作方案,建立了联动机制,积极配合社区开展各项志愿者服务、义务劳动等活动,通过社区整顿校园周边环境,发挥社区的教育功能。

学校在日常管理中,把国防教育与学校管理工作相结合,尽可能让学生做管理的主人,实现生本管理、自主管理、军事管理,培养学生严格的组织纪律性。学校将德育管理制度和国防教育管理制度有机结合,制定了《国防生教育制度》《少年军校办学章程》《专业教官选聘制度及职责》《兼职教官选任制度》《军乐队管理制度》《纠察队职责》《礼仪岗哨管理制度》《表演方队管理制度》《一日生活制度》等系列国防教育特色制度,促进军校管理、教育教学活动的制度化、规范化。

（二）科学落实综合素质评价体系，丰富评价内容，促进学生成长成才

学校根据《教育部关于加强和改进普通高中学生综合素质评价的意见》《四川省普通高中学生综合素质评价方案》等文件精神，制定了《成都市第三十六中学校学生综合素质评价实施方案及实施细则》，该文件突出了综合素质评价原则：坚持方向性，引导学生践行社会主义核心价值观，热爱中国共产党，弘扬中华民族传统美德；坚持指导性，突出学生的个性特点，关注学生成长过程，激发每一个学生的潜能优势，鼓励学生不断进步；坚持客观性，如实记录学生成长过程中的突出表现，真实反映学生的发展状况，以事实为依据进行评价；坚持公正性，严格规范评价程序，强化有效监督，确保评价过程公开透明。明确了评价内容：思想品德、学业水平、身心健康、艺术素养、劳动与社会实践、国防教育。严格了评价程序：写实记录、整理遴选、公示审核、形成档案。规定了材料使用：引导学生发现自我，建立自信；指导学生克服不足，明确努力方向；将初中学生综合素质评价档案提供给高中学校，供到校生遴选以及"5+2"城区高中招生使用；将高中学生综合素质综合档案提供给高校招生使用。每学期有计划、有总结、有反思，同时配套了办法、制度、要求等保障措施，如《成都市第三十六中学校综合素质评价实施方案》《成都市第三十六中学校综合素质评价记录管理操作流程》《成都市第三十六中学校综合素质评价记录管理系统写实记录填写建议》等，形成了较为完善的以学生发展为核心、体现新课程标准要求的学生综合素质评价体系。学校认真开展常态化学生综合素质评价工作，切实解决学生面临的问题，督促真实有效记录，落实公平程序，按期形成阶段性评价和终结性评价，重视综合素质评价的导向意义和结果运用；调动学生参与、体验各类活动，提高其思想品德、学业水平，培养学生身心、艺术、劳动与社会实践、国防教育等方面的素养；将学生综合素质评价阶段性结论进行梳理分析，选出优秀典型予以表扬，提出问题短板加以调整矫正，促进学生全面而有个性地发展。

（三）严格落实国家和四川省普通高中课程方案，开齐开足开好课程

学校严格执行教育部《普通高中课程方案（2020年修订）》，制定了《成都市第三十六中学校高中课程设置及实施方案》，形成了完整的课程体系。通过实施课程方案，保证了技术（含信息技术和通用技术）、艺术（含音乐、美术）、体育与健康、综合实践活动、劳动、理化生实验等课程的开设。学校还制定了《成都市第三十六中学校课程实施方案》《成都市第三十六中学校本课程开发与实施纲要》《成都市第三十六中学校学生选课说明及指导意见》，开齐开足开好必修、必选课程，突出实验实践教学、综合实践活动与体育艺术教育，开设劳动课程，根据学生选择统筹开设选修课程，同时积极开发校本课程，满足选课走班、因材施教的需要。为此，学校在国家课程之外，开设了包括德育课程、军事课程、拓展课程、融创课程在内的多门校本课程，组织学生选课走班，为学生学习选课走班提供保障。学校积极开展社团活动，使校园活力得到彰显。学校组建语言类、美术、书法、体育等学生社团，如图2-3所示，开发学生潜能，提升学生

交流、对话、合作等多方面的能力,从而提高学生素养。

图 2-3 书法社团

二、硬件文化

（一）建立爱国文化景观,展现"爱国主义"文化之境

学校建立了全域传承和弘扬爱国主义精神的主题文化区,建设了"爱国十区":党建引领区、师德示范区、爱国拥军区、国防展示区、学校文化区、健康生活区、"五育并举"区、畅享阅读区、生态文明区、学生风采区等。

（二）布置最美墙壁,追寻"爱国主义"文化之魂

学校建立了"大国工匠""共和国勋章""遨游科技世界""党员示范岗"等廊道文化,建有"十大元帅事迹展示墙",从古到今的"十大战役显示区",涵盖"最美奋斗者""大国工匠""学校身边党员示范岗先锋"等 150 位榜样力量。分不同主题和楼层建设了榜样篇、文化篇、科学篇、国防篇等主题的楼道文化布置。学校从大到校园的整体布局,小到一室、一梯的爱国渲染,都是爱国主义教育内容的具体演绎。

（三）鲜明文化引领,厚植"爱国主义"思想情怀

围绕校训"立志成才,报效祖国",以鲜明的国防特色为载体进行爱国主义教育,建设了呼应校训的"过雪山、颂雷锋、望神舟"教育场景,彰显长征精神、雷锋精神和

载人航天精神，从而明确展现"坚韧、奉献、创新"的校风，让具有逻辑性的爱国主义学校文化引领"全景式"爱国主义教育的宣传阵地建设。

三、精神文化

学校进一步对学校文化进行审议，明确爱国主义教育的指向，进行学校文化的顶层设计、完善、凝练和审定，特别是对学校的校训、管理理念、办学理念、办学目标等进行阐释。

（一）办学理念：发现每一个人的潜能，发展每一个人的潜能，发挥每一个人的潜能

为尊重差异，实现多元发展，学校结合校情，着力培养学生的综合能力，形成多角度激励机制，提供多种展示平台，让学生在学习、品行、体质、创造和实践等多方面得到挖掘、展示和提升；通过小班化教学、社团活动和艺体集训等方式，真正让学校成为普通学生感受不普通的成长的乐园。2019年学校通过了成都市特色高中创建验收，这又将学校的这一办学理念提升了一个台阶。

（二）办学目标：学生成才、教师成功、学校发展、社会满意

学生是祖国的花朵，学校的首要目标就是让学生成长和成才；教师的成就感和幸福感是办学的第二个目标；师生进步了，学校必然发展，学校的发展也将带来家长和社区的认可、赞誉。四个目标呈递进关系，由校内到校外，由学生到社会，符合学校的实情，符合师生的期望，符合大众的需求。"全景式"爱国主义教育是一个全员联动的系统工程，它不能仅仅停留于学校，而要深入家庭、社区、社会。因此，我们的"全景式"爱国主义教育，就是要建立起"家庭—学校—社区—社会"这样的整合多方力量的教育体系。只有汇聚多方力量，发挥这个联动体系的作用，才能使爱国主义教育真正落实到位，真正做到"学生成才、教师成功、学校发展、社会满意"。

（三）校训：立志成才，报效祖国

"立志成才"是学校培养学生的起始点，"报效祖国"是学校培养学生的落脚点。教育的根本目的在于立志，要让学生树立远大的成才之志。教育的根本任务是"立德树人"，新时代的"立德树人"指向"为党育人，为国育才"。个人的成长需要与国家的命运联系在一起，个人的发展永远离不开国家的支持。因此，"立德树人"只有落实到"报效祖国"上，才算是真正完成了教育的根本任务。校训是学校师生共同遵守的基本行为准则与道德规范。培养学生社会主义核心价值观，落实"立德树人"这一教育根本要务，需要教育者帮助学生"立宏伟志向、成栋梁人才、追民族复兴"。全校师生应将个人的发展与国家的需要同频共振，在继承与发展中保持前进的步伐，成为一个坚定的爱国主义者。

（四）管理理念：以人为本、静心办学、追求成功

学校尊重师生，本着"以人为本"的思想，给每个人搭建成长、成功的平台；着力筹集师资力量、优化生源结构，静心谋求学校特色发展之路；引领每个老师获得专业成长、事业成就；引领每个学生取得学业成功、全面进步。

（五）校风：坚韧、奉献、创新

校风是一个学校各种风气的总和，是学校在办学过程中长期积淀而成的具有行为和道德意义的风气。"坚韧、奉献、创新"的校风即要求师生具有坚定的毅力、韧性的品质，乐于助人、敬业精业的追求，勇于实践、自主创新的作风。"坚韧"源于红军长征精神，"奉献"源于雷锋精神，"创新"源于载人航天精神。这三种精神的核心都是爱国主义精神。如果没有对新中国的憧憬和向往，红军何以在艰苦的长征中获取成功？如果没有对国家和人民的深切热爱，雷锋如何能做出无数的奉献？如果没有对国家和民族复兴的强烈愿望，航天工作者们何以能夜以继日地钻研攻关？学校将"坚韧、奉献、创新"作为校风，就是让学生在初、高中这一关键成长期，实现全时段的爱国主义教育，打下爱国主义的深刻烙印，让爱国融入青年学生的血液中，浸润到青年学生的心灵里。

（六）教风：长教常新，铸魂育人

教风是一个教育群体德与才的统一表现，是教师队伍在道德、才学、作风、素养、治教等方面的集中反映。"长教"指老师们忠诚于教育事业，长久热爱教书育人；"常新"指老师们与时俱进，不断学习，更新观念，研究学生，变化教法，有效实施教育；"铸魂育人"就是要用冶炼、熔铸、锤炼、雕琢的铸金方式培养人、锻炼人、造就人，使之具有理想信念。"长教常新，铸魂育人"的教风内核是以精深的专业素养、精细的工作作风，爱生乐业、诲人不倦的职业道德修养，着眼于学科的核心素养，在爱国主义教育的指导下，"为党育人，为国育才"。其外在表现为"传道有高度、授业有精度、解惑有深度、举止有风度、对人有温度、为人有信度、育人有高度"。

（七）学风：敬学静思，德才兼修

学风即学习的风气，是学校全体师生知、情、意、行在学习问题上的综合表现。"敬学"指学习要有严肃认真的态度；"静思"即平心静气，深入思考。"敬学静思"体现良好的学习态度和方法；"德才兼备"指学习的目标和结果，即才智、修养共同进步，共同具备，这是良好的学风所追求的。"敬学静思，德才兼修"学风的内核是学思结合，掌握科学学习方法，善于运用科学的学习方法自主学习；有目标意识和规划意识，能自觉按照规划学习，乐于学习。其外在表现为课内学习有主动性，课外学习有自觉性，自主学习有计划性，品德学习有追求性。

(八)育人宗旨:养德、促智、强身、健美、培劳

此育人宗旨,是新时代党的育人方针的有力贯彻,为社会主义现代化建设服务,办人民满意的教育;与生产劳动和社会实践结合,从全面发展的角度,提倡素质教育,培养德智体美劳全面发展的社会主义建设者和接班人。它是将学校国防教育中的"爱国""奉献"等思想和"坚韧不拔""团结奋进"等优良作风带入学生的学习和生活中,融入德育、智育、体育、美育、劳育等"全面"教育中,形成了以国防教育为载体的"养德、促智、强身、健美、培劳"的"全方位""全学科"办学宗旨。由此宗旨出发,形成了学校的育人目标——培养一个能吃苦耐劳、甘于奉献、勇于创新的具有爱国品质的全面发展的时代新人;并形成了学校的办学目标——建设一所学生成才、教师成功、学校发展、社会满意的学校。

(九)治校思路与举措

坚持以少年军校为载体,结合"五育并举""全民劳动""全民运动""'全景式'爱国主义教育",以"以军养德、以军促智、以军强身、以军健美、以军培劳"为育人宗旨,坚持"国防教育进课堂、军事训练上操场",将普通教育与国防教育有机结合,形成以国防教育为特色的普通高中办学新模式。

以军养德:以"三热爱"(爱党、爱国、爱军)为核心,加强学生思想道德教育,培养学生爱党、爱国、爱军的意识。

以军促智:探索国防教育与学科教学的融合,开设少年军校系列校本课程,帮助学生掌握国防知识,提升文化素养。

以军强身:将军事训练与阳光体育运动、社会实践活动有机结合,培养学生的"小军人"气质,如图2-4所示。

图2-4 学生参加无线电测向和定向越野比赛

以军健美：通过国防教育特色活动，激发学生的审美情趣，提升学生的审美能力，如图 2-5 所示。

南丝绸起点之锦门　　　　　　　青山绿水绕家乡

四川民居　　　　　　　　　　　坐上火车去旅行

图 2-5　学生版画作品

以军培劳：组织国防班学员参加军事技能训练与竞赛，如图 2-6 所示，遴选国防班优秀学员进入学生会、校团委,参与学生日常管理与检查;将军人日常劳动融入学习生活,如公共卫生、叠被、叠军服和器械收纳等内务整理,值勤站岗,下厨分餐等,如图 2-7 所示。通过以军培劳的系列活动,增强学生的劳动意识,培养学生的劳动技能,形成其爱美尚美、热爱生活的品质。

图 2-6 障碍越野技能课程

图 2-7 标兵学员晨检站岗

显性和隐性结合的爱国主义教育扎根于学校文化,让"全景式"爱国主义教育走向对学生精神成长的关爱,进一步推动以爱国主义精神为内核的学校的高质量发展。

第三节 "全景式"爱国主义教育育人目标框架

学校进一步研究爱国主义教育实践案例，开展爱国主义的学校目标和育人内容的研讨，实施了育人内容的重构，形成了"全景式"爱国主义教育育人目标框架，即"一核三维六面十素养十二途径"，如图2-8所示。

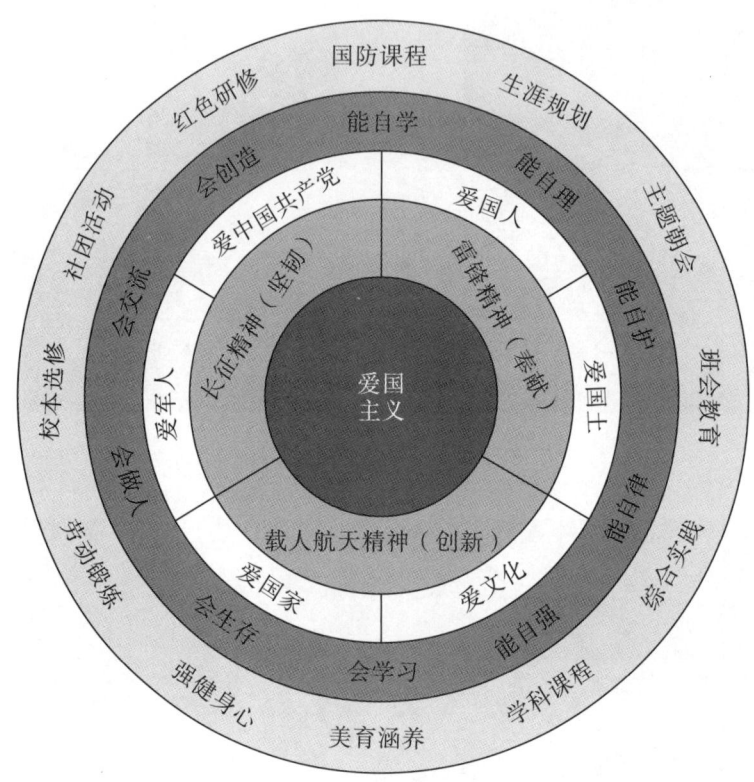

图2-8 "全景式"爱国主义教育育人目标框架

一、"一核"指教育的总目标指向爱国主义

爱国主义教育是实践的教育。习近平总书记强调："爱国，不能停留在口号上，而是要把自己的理想同祖国的前途、把自己的人生同民族的命运紧密联系在一起，扎根人民，奉献国家。"① 由此可见，学校的爱国主义教育不仅是观念的，更是实践的，就是要践行爱国主义的价值要求，在学校的课程建设、学科渗透、活动开展中，让学生自觉

---

① 习近平：《在北京大学师生座谈会上的讲话》，人民出版社，2018年，第12页。

担当使命，坚定理想信念，听党话、跟党走，做新时代忠诚的爱国者，把爱国情、强国志、报国行自觉融入坚持和发展中国特色社会主义事业、建设社会主义现代化强国、实现中华民族伟大复兴的奋斗之中。

二、"三维"指发展爱国主义的三个重点精神目标

学校爱国主义的三个重点精神，即长征精神、雷锋精神和载人航天精神，分别与"坚韧、奉献、创新"相匹配。

（一）长征精神

长征是人类历史上的伟大壮举，是一座让中国人民世代铭记的历史丰碑。英勇的红军将士在物质极端匮乏、环境极其恶劣的困境中，以坚定的革命信念和大无畏的英雄气概，创造了人类战争史上的奇迹，更为我们留下了伟大的长征精神。长征精神就是把全国人民和中华民族的根本利益看得高于一切，坚定革命的理想和信念，坚信正义事业必然胜利的精神；为了救国救民，不怕任何艰难险阻，不惜付出一切牺牲的精神；坚持独立自主、实事求是，一切从实际出发的精神；顾全大局、严守纪律、紧密团结的精神；紧紧依靠人民群众，同人民群众生死相依、患难与共、艰苦奋斗的精神。尽管长征精神带有浓烈的战火气息和特定历史条件的烙印，但其表现出的理想、信念、情操、气概、风格和作风等元素，都集中体现了中国共产党的政治本色，是中国共产党和人民军队革命传统的生动反映，也是中华民族自强不息的民族品格的集中展示，是以爱国主义为核心的民族精神的最高体现。同时，长征精神又是当代中国革命精神的重要源头，是我们取之不尽、用之不竭的精神资源。随着时间的推移，这种精神在我们党领导革命、建设和改革的伟大事业中又发扬光大，升华并生发出延安精神、西柏坡精神、大庆精神、雷锋精神等革命精神，鼓舞和教育着一代代青年，为我们的事业不断走向胜利提供强大的精神动力。

（二）雷锋精神

雷锋精神是以雷锋的姓名命名，以雷锋的品质和情怀为内蕴，以全心全意为人民服务为实质和核心、在时代实践中不断丰富和发展，为人们所敬仰和追求的一种红色精神。它是对雷锋积极进取、艰苦奋斗、勤俭节约、爱岗敬业、尽职尽责、乐于助人、甘于奉献等言行和事迹所表现出的先进思想、高尚品德、优良作风与模范行为的理论概括和境界升华，是中国共产党人精神谱系的光辉一员，是社会主义核心价值观的生动体现。今天的"雷锋精神"，已经成为雷锋和千千万万雷锋式的先进人物的崇高思想、优秀品质与模范行为的结晶和统称。雷锋精神的实质和核心是全心全意为人民服务，为了人民的事业无私奉献，它已经成为我们这个时代精神文明的同义语，先进文化的表征。总而言之，雷锋精神是热爱党、热爱祖国、热爱社会主义的崇高理想和坚定信念，促使

我们自觉地把个人追求和国家前途联系起来，为中华民族伟大复兴贡献力量；雷锋精神是服务人民、助人为乐的奉献精神，引导我们扶贫济困、扶弱助残、积极行动、倾情奉献，以实际行动促进社会进步；雷锋精神是干一行爱一行、专一行精一行的敬业精神，教育我们忠于职守、精益求精，脚踏实地为中国特色社会主义事业添砖加瓦；雷锋精神是锐意进取、自强不息的创新精神，鼓舞我们坦然面对困难，欣然接受挑战，以顽强的意志、不懈的努力攻坚克难，奋勇向前；雷锋精神是艰苦奋斗、勤俭节约的创业精神，勉励我们能吃苦、肯奋斗，继往开来，再创辉煌。

（三）载人航天精神

党的十八大以来，习近平总书记高度重视我国航天事业的发展，发出"发展航天事业，建设航天强国"的动员令。2013 年 7 月 26 日，习近平总书记在会见神舟十号载人飞行任务航天员和参研参试代表时强调："我们造就了一支特别能吃苦、特别能战斗、特别能攻关、特别能奉献的高素质人才队伍，培育造就了伟大的载人航天精神。"① "特别能吃苦"精神，就是面对困难、危险和挑战，不退缩、不让步，不断激发克服艰苦、战胜艰苦、驾驭艰苦的决心和勇气；"特别能战斗"精神，就是在一片空白、阻碍重重、环境恶劣的情况下担当作为，敢于斗争的精神锐气；"特别能攻关"精神，就是在国际竞争激烈、技术封锁严密的情况下，瞄准世界先进水平，创新创造、攻坚克难，自立自强、跨越赶超，抢占创新发展新高地；"特别能奉献"精神，就是以国家意志为最高意志、以人民利益为最高利益，不计个人得失、不求名利地位，甘当无名英雄、忘我牺牲奉献。

三、"六面"指学校爱国主义教育的六方面校本课程目标

学校爱国主义教育的六方面校本课程目标即"爱国人、爱国土、爱文化、爱国家、爱军人、爱中国共产党"。学校"六爱"内容包括知识层面和活动层面。知识层面，以《"六爱"教育》读本为载体，分学段实施，对学生进行关于这"六爱"的知识教育。该读本包括引入、知识、实施、评价、体会等条目，指向爱国主义精神的一些关键知识，助力学生爱国情怀和国家认同的涵养。活动层面，学校整合爱国主义教育活动，从"六爱"的维度开展系列活动，让学生在活动中体验，进一步发挥"六爱"的育人作用。"六爱"教育是学校对《中华人民共和国爱国主义教育法》中爱国主义教育内容的具体化，是学校"立志成才，报效祖国"校训的详细阐释，也是学校爱国主义教育的鲜明主张。希望每一名学生从中受到爱国主义教育的浸润，也希望每一名教师能够用好读本，以课程方式推进新时代爱国主义教育的深度发展，助力学生的健康成长，办好高质量发

---

① 许志峰、兰红光：《习近平会见神舟十号载人飞行任务航天员和参研参试人员代表》，《人民日报》，2013 年 7 月 27 日第 1 版。

展的人民满意的教育。

四、"十素养"指为实现爱国主义教育的个体层面发展目标

《新时代爱国主义教育实施纲要》提出："新时期的爱国主义教育要聚焦青少年，着眼固本培元、凝心铸魂，突出思想内涵，强化思想引领，推动爱国主义教育融入贯穿国民教育和精神文明建设全过程。"学校聚焦学生的"六大核心素养"，以国防教育为基底，以社会主义核心价值观为指引，培养学生爱国主义精神、集体主义精神、艰苦奋斗精神等"三种"精神，提高学生意志品质、心理品质、自理能力、生存技能等"四项"素质，提升学生自学、自理、自护、自律、自强等"五自"能力，增强学生学会学习、学会生存、学会做人、学会交流、学会创造等"五会"本领，实现学生培养生活自理能力——掌握好技能、培养自我保护能力——锻炼好身体、培养承受挫折能力——磨砺好毅力、培养是非鉴别能力——培养好习惯、培养适应环境能力——调整好心态等"五能五好"目标，促进学生德智体美劳全面发展。

五、"十二途径"指为实现"全景式"爱国主义教育的实践途径

为实现"全景式"爱国主义教育目标，要着力实施生涯规划、主题朝会、班会教育、综合实践、学科课程、美育涵养、强健身心、劳动锻炼、校本选修、社团活动、红色研修、国防课程等十二种实践途径。

第三章 "全景式"爱国主义教育的实践策略

第一节 "全景式"爱国主义教育的行动指向

爱国主义教育是学校教育永恒的主题，也是对中学生进行思想政治教育的核心内容。加强爱国主义教育是学校新时代教育发展的题中之义。《关于培育和践行社会主义核心价值观的意见》《新时代爱国主义教育实施纲要》《"党的领导"相关内容进大中小学课程教材指南》等纲领性文件都聚焦于爱国主义教育，强调将爱国主义教育贯穿国民教育和精神文明建设的全过程，切实帮助学生树立正确的世界观、人生观和价值观。在教育实践中，我们不断加强"全景式"爱国主义教育的行动指向。

一、"全景式"爱国主义教育要与时代发展同频共振

爱国主义教育具有鲜明的时代性。教师对中学生加强爱国主义教育就需要紧跟时代，选取与时代发展同频共振的爱国主义教育素材。

一是关注社会重大事件，将爱国主义精神转化为社会要求。学校是社会的重要组成部分，也是响应社会号召的重要单元，始终与国家重大战略同频共振。在我国空间站全面建成之际，学校将载人航天精神培育融入主题教育，通过"天宫课堂"等创新形式，使守护国家航天成就转化为青少年的自觉行动。通过开展"我的航天梦"主题活动，组织学生聆听来自中国科学院"老科学家科普演讲团"成员、空军指挥学院陈洪教授的"军用飞机与现代空中作战揭秘"军事科普讲座。

二是剖析社会重大事件，将爱国主义精神整合为学校重点。重大社会事件具有典型性，蕴含的精神需要深度挖掘。为深入贯彻《教育部等十八部门关于加强新时代中小学科学教育工作的意见》文件精神，我校生物教研组围绕细胞物理模型构建，精心策划并实施项目式学习。同学们满怀热情地将所学知识融入模型制作实验中，使生物的微观世界更清晰。这种将爱国情怀转化为探索未知的具体行动，正是新时代爱国主义教育最生动的注脚。

三是利用社会重大事件，将爱国主义素材凝聚成师生发展的力量。社会重大事件终究会随事态发展而成为过去，但形成的教育素材会持续为学校的教育工作提供价值。学校利用这些元素，与学校本身的教育内容相结合，进而催生出强大的教育力量，引领学校的高质量发展。学校在每年的国家安全教育日，开展"全民国家安全教育日"主题活动，学校连队干部代表会向全校同学宣讲国家安全知识，帮助大家正确认识和理解总体国家安全观，呼吁全体学生绷紧国家安全弦，主动维护国家安全与利益。

二、"全景式"爱国主义教育要在"全面＋差异"的理念下实施

先进的教育理念可以为"全景式"爱国主义教育的具体实施作出方向指引，而"全面＋差异"的爱国主义教育理念则是加强爱国主义教育的最佳思路。"全面"是"差异"的基础，即爱国主义教育的"全面"体现在对全体人员的爱国主义知识普及，突出对爱国主义精神的普遍追求；"差异"是"全面"的结果，是"全面"基础上的强调，是突出爱国主义教育的专项行动。"全面"与"差异"互相补充、整体发展、融合增值，促进了爱国主义教育的丰富表达和高阶发展。

一是理解爱国主义教育"全面＋差异"的基本理念。爱国主义教育"全面＋差异"理念符合新课程、新高考全面而个性的教育要求，在"全面"的基础上突出"差异"，又满足了不同年龄、学段的教育对象在性格、兴趣等方面发展的需要。"全面＋差异"的有效结合，有效避免了爱国主义教育"缺乏多样性""忽略层次性"等问题，让爱国主义教育取得实在效果。学校通过主题朝会教育，增强了面向全体学生的爱国主义教育，详见表3-1和表3-2。

表3-1　成都市第三十六中学校2023年上期德育活动及朝会安排表

周次	活动主题	横幅标语
第2周	开学典礼——爱北城，好少年	爱北城，好少年
第3周	朝会——学雷锋	弘扬雷锋精神，建设文明成都
第4周	朝会——爱国卫生运动（花朝节）、植树节	传承爱卫精神，建设绿色成都
第5周	朝会——粮食安全	民以食为天，粮以俭为先
第6周	朝会——节约水资源	节约点滴清泉，成就绿水青山
第7周	朝会——全国中小学生安全教育日	文明校园树新风，安全教育我先行
第8周	朝会——寒食清明、环保教育	缅怀革命英烈，守护山河清明
第9周	朝会——世界航天日（载人航天精神）、国家安全教育日	扬帆起航问九天，居安思危护国安
第10周	朝会——读书日	浸润翰墨书香，涵养浩然正气
第11周	朝会——劳动教育、五四青年节	精耕细作育新苗，躬身力行铸荣光

续表

周次	活动主题	横幅标语
第13周	朝会——母亲节、"5·12"防灾减灾安全教育	预防灾害风险,守护文明校园
第14周	朝会——世界家庭日	子孝双亲乐,家和万事兴
第15周	朝会——"5·25"心理健康教育	拨开成长迷雾,守护我心向阳
第17周	朝会——世界无烟日	熄灭香烟星火,点燃文明之光
第18周	朝会——高考、全国爱眼日	万里山河眼底收,大千世界目中明
第19周	朝会——父亲节	清风恒久悠远,父爱厚地高天
第20周	朝会——中小学法治教育	立身德为首,处事法在前
第21周	朝会——禁毒宣传	结交益友,远离毒品
第22周	朝会——迎期末、防溺水	远离河岸,敬畏自然

表3-2 成都市第三十六中学校2023年下期德育活动及朝会安排表

周次	活动主题	横幅标语
第1周	开学典礼——全国国防教育示范校授牌仪式	培根铸魂育桃李,迷彩青春系国防
第2周	朝会——教师节	春风化雨润桃李,润物无声有新人
第3周	朝会——全民国防教育日	居安思危,情系国防
第4周	朝会——纪念九一八	铭记历史苦难,矢志奋发图强
第5周	朝会——中秋节、国庆节	情系中秋月,心中家国安
第7周	朝会——国际减灾日	曲突徙薪存忧患,警钟长鸣可减灾
第8周	朝会——节约粮食	民以食为天,粮以俭为先
第9周	朝会——重阳节	尊老爱老行反哺,饮水思源敬先贤
第14周	朝会——禁毒防艾	青春无"毒"
第15周	朝会——纪念"一二·九"(团委)	寸心照华夏,青春耀山河
第15周	"一二·九"军歌嘹亮歌咏比赛	纪念"一二·九",献身新时代
第16周	朝会——勿忘国耻(12·13南京大屠杀死难者国家公祭日)	勿忘国耻警钟鸣,继往开来家国兴
第17周	朝会——澳门回归	弘扬爱国精神,建设繁荣澳门
第18周	朝会——毛泽东诞辰纪念日	继承革命遗志,实现中华民族伟大复兴
第20周	朝会——腊八、纪念周恩来	鞠躬尽瘁为人民,风范长存照千秋

二是理解层次性是爱国主义教育追求的基本认知逻辑。要探寻爱国主义教育的认知性逻辑层次,只有分清了爱国主义教育"具体""象征"和"抽象"的形态,才能实现爱国主义教育的育人效果。爱国的认知过程就是帮助学生从具体形态逐渐走向抽象形态

的过程。按照这样的逻辑，学生年级越高，爱国主义教育就越需要走向理性的精神层面。为此，学校针对低年级学生从认识身边榜样开始，进行"敬榜样、爱国人"的主题教育。例如，学校在七年级学生中，开展以"榜样"为主题的宣讲，讲述大庆人王进喜"有条件要上，没有条件创造条件也要上"的奋斗故事，讲述抗洪抢险中陈陆用生命践行对党忠诚誓言的故事等。通过学习宣讲，学生们深受感触，并将榜样精神融入自己的日常学习生活中。而在高三年级学生中，学校则开展"知党史精神，爱中国共产党"主题宣讲，紧扣中国共产党人精神谱系，深度聚焦长征精神，让长征精神照亮青年的未来成长之路，培养学生努力成为有家国情怀、社会责任感的新时代青年。

三是形成差异化场景推动爱国主义教育有效表达。在不同的教育场景，爱国主义教育的表达有所不同，获取的效果也有所区别。学校强化升旗的仪式感，严格审定升旗仪式下的致辞，营造浓郁的"校级"教育场景，既要突出爱国主义教育的严肃性、庄严性，又要营造"班级"教育场景。学校突出爱国主义教育的鲜活性、引导性：集中观看爱国典型的直播，学习其中的先进事迹；集体学习爱国主义教育的读本教材，引导学生正确地爱国和行动。

第二节 "全景式"爱国主义教育的实施路径

一、再现：营造氛围

新时代爱国主义教育的"全景式"再现，主要是再现国家革命、建设、改革的历史脉络，再现中华民族几千年的瑰丽文明，在爱国主义教育的普遍氛围中，进行潜移默化的文化浸润。

一是展现学校文化氛围。"全景式"再现需要挖掘爱国主义教育素材来建设环境氛围，我们需要从宏观层面展现中华优秀传统文化的纵深历史，从微观层面丰富时代楷模、最美人物等先进模范事迹内容，激发每一个人寻找身边的爱国故事，使受教育者成为爱国主义教育素材的发现者、传播者。例如，学校爱国主义教育中的长征文化展示，就应包含长征事迹、长征人物、长征精神、长征评价、长征影响等，将事件的宏观发展与微观的典型案例结合，让以"长征"为主题的"全景式"的爱国主义教育更能打动人心，发挥培根铸魂的作用。

二是丰富学生活动形式。"全景式"爱国主义教育的再现需要不断丰富活动形式，来烘托活动氛围，如采用电影、电视剧、舞台剧、音乐剧等。活动氛围的营造让爱国主义教育形式不再单一，更能从方方面面熏陶学生。例如，"全景式"爱国主义教育可以着眼国防教育，开展"八个一"活动，即每天做一次军体操，每周上一次军体课，每月看一场电影,每期听一场国防知识讲座,每期学一首军歌,每年开一次国防体育运动会,每年参加一次军训,每年评一批优秀学员,烘托教育情境。

三是凝练爱国教育主题。"全景式"爱国主义教育的再现氛围需要一定的爱国主题作支撑。中国人向来重视家国一体,学校教育要将爱国与爱家庭、爱家乡、爱校、爱党、爱社会主义相统一,将再现的主题明确地彰显在主要阵地。例如,可以鲜明地提出并彰显爱国的"六爱"主张,即爱国人、爱国土、爱文化、爱国家、爱军人、爱中国共产党。将"爱中国共产党"放在最后,突出爱国要"为党育人";"爱国土"体现国家领土完整;"爱军人"体现学校国防教育特色。这些内容的安排,突出了家国一体化发展思路。

二、参与:体现全面

爱国主义教育的"全景式"既然是全方位和立体式的发展,那就离不开所在场域人员的全面参与。参与是参加进去的意思,其对象具有群体性,主题意义比较突出,教育活动具有延续性。

一是强调覆盖范围。"全景式"参与的"全面"包括两个方面:一是对于教师来说,其全景就是面对学生的全景,所以教师的教育教学要兼顾所有人的情况,作出普适性的设计与安排;要考虑相关知识的全面性,尽可能多地为学生提供知识和交流机会。二是对于学生来说,其全景就是爱国主义教育相关课程的全面参与,全面地学习爱国主义教育相关课程的知识,不断提升爱国主义素养,提升个体综合能力。"全景式"的全面参与和个体探究并不矛盾,全面参与为个体探究奠定基础,个体探究是全面参与基础上的提升,是为了促进更好的全面参与。这二者是辩证统一的关系,只不过这里的"全景式"的全景更强调要全面地参与。

二是注重全面体验。体验是一个心理学的概念,它的意思是个体亲自处于某种环境而产生认识,主要是来验证事实,感悟生命,留下印象。刘惊铎认为"体验"是一种图景思维活动,道德体验是一种含有价值判断的关系融通性体验。[①]"全景式"爱国主义教育中道德体验到的东西让学生感到客观真实,并在记忆中留下深刻印象,让学生可以随时回想起曾经亲身感受过的教育历程,也因此对未来有所预想。它是亲身参与,不是道听途说、人云亦云的传颂。它是真实性参与,以学校或班级的活动为主,让个体融入活动,深度思考,生成情感。学校一定要杜绝为活动而活动、为评比而虚假活动的现象。它是深度性参与,构建活动时,要关注爱国主义教育的载体是否明确,元素是否鲜明。开展活动时,要突出活动背后的教育意义,精心准备,全面动员和任务布置。活动结束后,还需要总结提升,形成文字,发展思想,促进更好的经验、更优的品德产生。例如,学校举办的微党课比赛,学生可以从自身经历出发,讲身边的故事,讲自己看到

---

① 刘惊铎:《体验:道德教育的本体》,《教育研究》,2003年第2期,第53页。

的祖国变化、社会进步、时代变迁等。在活动结束后的总结中，一位教师说："这种自我教育能够有效提升朋辈教育效果，让爱国主义教育更走心。"爱国主义教育的活动体验能够直观地唤醒参与者的爱国热情，是爱国情、强国志、报国行的情感起点，更是爱国主义教育活动的灵魂所在。

三是体现广阔色彩。"全景式"的"全面"还体现在知识或事件的本身特点上，我们要让学生处于时代的洪流中，去欣赏大变革时代的爱国风景。所以在教育内容选择上，要有更广阔的舞台，可以纵向体现演变的轨迹，也可以在横向的联系中广泛比较。广阔的内涵就是大历史、大演进、大发展、大视角等，将个体融入其中，去体会教育内容的全景特征。学校可以"通过虚拟沉浸、参与互动、时空再现、图像阐释和情景演绎等可视化手段开展爱国主义教育"。在这点上，学生看爱国主义的电影就是一种较好的选择之一，如表3-3所示。

表3-3 "全景式"爱国主义教育观影情况统计表

序号	观影时间	影片名称	观影年级	观影人数（约）/人
1	2019年5月	《建国大业》	非毕业年级	1400
2	2019年12月	《我和我的祖国》	全校师生	2000
3	2020年12月	《夺冠》	全校师生	2000
4	2021年5月	《我和我的家乡》	非毕业年级	1400
5	2021年12月	《中国医生》	全校师生	2000
6	2023年5月	《中国乒乓之绝地反击》	非毕业年级	1400
7	2023年12月	《长津湖》	全校年级	2000
8	2024年5月	《我和我的父辈》	非毕业年级	1400

学校组织学生观看的电影，如《建国大业》等，历史知识广阔，爱国角色众多。组织学生到宏大的红色研修基地参观，如红军长征纪念场所等，所在地的视野广阔，蕴含的爱国元素丰富。活动结束后，学生再谈感想、写体会、广展示，从而体现了爱国主义教育的广阔色彩。

三、浸润：突出渐进

所谓浸润教育，就是指循序渐进、螺旋上升，最终实现教育目标的教育。推进爱国主义教育"全景式"浸润的前提是把知识或事件放在一个大的历史背景或环境背景中，实施爱国主义教育，也就是不局限于一时一事的书本文字知识，而是以大历史观"全景式"再现国家革命、建设、改革的历史脉络，再现中华民族几千年的瑰丽文明。然后按照计划安排，实施符合学生身心发展规律、教育发展规律的爱国主义教育。

一是做好资源建设。学校需要多视角挖掘爱国主义教育素材，建立并不断更新爱国

爱国心，青春梦
——新时代"全景式"爱国主义教育探索与实践

主义教育的数据资料库，如影视资源库、书籍阅读库、教学资源库等，将一些基于本国又不局限于本国的爱国主义教育经典资源纳入学校的资源建设中，为校本化的爱国主义教育课程奠定基础。习近平总书记强调："爱国，不能停留在口号上，而是要把自己的理想同祖国的前途、把自己的人生同民族的命运紧密联系在一起，扎根人民，奉献国家。"[①] 这为我们选择爱国主义教育资源指引了方向。我们需要把心怀"国之大者"，自觉担当使命，坚定理想信念，听党话、跟党走，做新时代忠诚的爱国者，把爱国情、强国志、报国行自觉融入坚持和发展中国特色社会主义事业、建设社会主义现代化强国、实现中华民族伟大复兴的典型资源纳入学校资源建设。

二是优化教学设计。要实现循序渐进，爱国主义教育的教学设计应该具有一定的逻辑性。既要做到教育主题、培育目标、实施内容、教学方法和学生评价的一致性，还要将宏观和微观匹配结合，宏观方面要展现中华优秀传统文化的纵深历史，将学生的知识视角引向广阔的历史背景，全面展现知识或事件的大环境。微观方面要挖掘爱国主义教育知识或事件中的典型人物，将时代楷模、最美人物等先进模范事迹内容纳入教学设计的内容，激发每一个人寻找身边的爱国故事，学习具有崇高爱国主义精神的榜样，使受教育者成为爱国主义教育素材的发现者、传播者。特别是历史教学，大单元视阈下高中历史全景式学习是基于历史长时段，聚焦历史事件之间的内在逻辑，构建"点—线—面—网"联结的立体式知识架构，将历史事件和人物放到长时段和全球视野中去解读，以大局观和全局观去解构历史，以时间链、知识链、问题链和逻辑链等链式思维去解读历史。"全景式"的爱国主义历史教学完全可以遵从这点，实现更有深度的教学设计。例如，教师将热映的电影《长津湖》引入课堂，在引入阶段向同学们介绍长津湖战役的背景、经过等，这是宏观内容；接着介绍战役中于芝林、周全弟等战士们的感人事迹，这是微观镜头。宏观与微观的结合，展现了长津湖战役中战士们不怕饿、不怕冻、不怕牺牲的钢铁军人形象，以及为了维护祖国和人民的利益、为了完成祖国和人民赋予的使命，奉献自己一切的革命精神。后续又利用学校的社会实践，带领学生到建川博物馆参观新中国建设史中的这部分内容。书本知识、电影知识、博物馆知识融为一体，"点—线—面—网"联结，循序渐进的浸润促进了学生爱国主义素养的提升。

案例3-1　山河无恙，更需立志报国

　　电影《长津湖》，真实地还原了抗美援朝中那段激动人心的历史，它让我看得热血沸腾，激动人心，热泪盈眶。

　　最让人震撼的是"冰雕连"。由于战事紧急，棉衣数量严重不足，第九兵团在缺衣少食的情况下，长途奔波到最寒冷的地区作战，在挨饿受冻的情况下，在零下40多摄氏度的情况下，战士们吃冻土豆，以雪充饥，爬冰卧雪，衣服单薄，在冰天雪地中埋伏了十个昼夜。长津湖的寒冷是我们想象不到的，连队为了堵住逃走的

[①] 习近平：《在北京大学师生座谈会上的讲话》，人民出版社，2018年，第12页。

敌人，潜伏在雪地里，整个连都冻死在了阵地上。直到生命的最后一刻，英雄们还依然保持着紧握武器的战斗姿态。

如今山河无恙，国泰民安。那些最可爱的人，将生命留在了那片冰天雪地，才有了我们今天的幸福生活。作为新时代的我们，应铭记历史，不忘英雄，好好为祖国奋斗，为中华民族的繁荣富强贡献自己的力量。

我们能开开心心地过每一天，是我们的先烈们用自己的血肉之躯筑成的，他们的努力成就了我们今天的幸福生活。

我们之所以能过上这样幸福的生活，是因为他们曾经负重前行、他们一贯的爱国主义精神。如今我们生活在一个和平的国家，我们的幸福生活，是老一辈革命先烈用鲜血和生命换来的，感恩那些先烈，他们用鲜血和生命给了我们一个幸福而伟大的国家！学会爱国，立志爱国，让我们从现在做起。

三是突出一体化教育。除课堂教学和书本、影视、实践的融合共生外，学校的爱国主义教育还体现为学段螺旋上升的目标。总体说来，小学阶段，重在爱国思想启蒙，从具体的爱国形象标志标识出发，培养学生的爱国情感。我们可以以革命英雄事迹、祖国壮美河山、历史文化遗产、民族传统节日等内容为重点，通过讲述爱国故事、学唱爱国歌曲、参观爱国主义教育基地、认识国旗国歌国徽等国家象征和标志、庆祝国庆节等方式，用好红色资源，帮助学生加深中国人的身份烙印，初步树立作为中国人的自豪和自信，形成热爱祖国的朴素情感。中学阶段，重点在爱国道理认同，从抽象的爱国相关知识出发，培育爱国主义的思想基础，我们可以通过学习中国共产党领导人民团结奋斗的历史及取得的伟大成就、中华民族精神和时代精神、宪法的地位和作用、维护国家统一和民族团结、坚持总体国家安全观等内容为重点，通过阅读英雄模范人物传记、主题演讲、纪念烈士、社会实践等方式，引导学生增强国家观念，明确爱国主义的内涵，知道爱国与爱党、爱社会主义相统一，夯实爱国主义的思想基础。中小学的一体化教育就是逻辑上升策略的设计，我们要知晓各自的发展重点，实现爱国主义教育目标的贯通发展，作出爱国主义教育最优化的实施，让爱国主义教育的浸润呈现渐进发展。

四、透析：凸显深刻

爱国主义教育需要在透析知识或事件中发展。所谓透析，就是对爱国主义相关知识或问题围绕"现象与本质""抽象与具体""特殊与普遍"等关系进行解析，尽可能地把实际情境、实际环境中出现的相关问题和类似问题呈现出来，进行全方位的分析。在呈现问题的时候，一定要模拟真实的环境，在近似真实的环境中进行问题触发，有时还需要在舞台上进行角色扮演或事件再现。

一是透析现象与本质。学校的爱国主义教育最容易陷入"两张皮"境地：一是只谈现象，表面轰轰烈烈，实质浅尝辄止。只谈现象的爱国主义最容易陷入教育的泛在问

爱国心，青春梦
——新时代"全景式"爱国主义教育探索与实践

题，产生爱国主义教育的笼统性弊端。二是只谈本质，看起来鞭辟入里，实质枯燥乏味。只谈本质的爱国主义教育显得抽象，这样的爱国主义教育容易沦为口号式的爱国主义教育，学生难以产生深层次的认识。好的爱国主义教育则是将现象与本质结合，运用深描策略，分析现象背后的文化，从而更好地理解现象背后隐藏的本质；也可以从本质出发，追溯现象与本质之间的关系，增强大家对现象的深度认识。例如，以国防教育为载体的爱国主义教育实践，国防教育与爱国主义教育的目标具有一致性，但不能简单地理解为国防教育就是爱国主义教育。正确的认识是国防教育与爱国主义之间存在着辩证统一的关系，爱国主义是国防教育的核心和灵魂，而国防教育则是爱国主义教育的重要组成部分。

案例 3-2 国防课程的"五径"发展

"老师，我搬运弹药箱速度快不快""我们小组投掷手榴弹接力为班级拿下了第一名""假如在战场上，我们这次的低姿匍匐会不会被敌人发现"……学生在赛后纷纷向班主任黄老师询问自己的表现。

这是成都市第三十六中学校每年都要举行的国防体育运动会的情景。学校将国防特色传统项目——军事五项（搬运弹药箱、滚动轮胎、跨越独木桥、低姿匍匐、投掷手榴弹接力）纳入比赛，激发了学生浓厚的参与热情，培养了学生的爱国主义精神。

国防教育课程是学校创建少年军校的主要内容，也是新时代"全景式"爱国主义教育课程实践的重要支撑。鉴于国防教育与爱国主义教育目标的一致性，学校在国防课程"五径"发展中破解了爱国主义教育泛化问题，激发了学生参与的兴趣，推进了学校爱国主义教育的实质性发展。

路径一：保障先行

组织机构和物资条件是学校国防教育的课程保障。

一是建设管理架构。学校建设了"部队编制"国防教育课程管理结构。学校整体为一个团建制，书记任政委，校长任团长，副校长任副团长，中层干部任营长；一个年级为一连，一个班级为一排，由年级组长任连长，并将党支部建在连队，这种党建与业务融合、带有军事化色彩的管理架构为国防课程的实施奠定了基础。

二是打造师资力量。学校建设了由班主任、学科教师、外聘教官组成的集"教育、渗透、训练"于一体的国防课程实施队伍。正营职退役军官陈教官与其他四名军事教官保障了少年军校军事训练的专业性。

三是提供所需物资。学校先后购置了礼仪队服装、军乐队乐器、盾牌、警棍、95式训练箱、手枪腰套和腿套、牛皮腰带，以及仿真的95式步枪、92式手枪、军用匕首等军事训练装备，并建有专门的军械库。学校军校办主任说："认识这些物资的过程就是一堂国防装备课。"

路径二：专题突破

学校的国防教育秉持"四个一"的工作思路，即让"每一个决策紧随国防教育，让每一处环境彰显国防文化，让每一个教师参与国防课程，让每一名学生受到国防熏陶"。

一是国防教育理论课程。学校在日常教学中融入中国的国防知识、军事思想、国际战略、国家安全、军事技术、信息化战争、战伤救护、军队三大条令条例等相关知识，开设国防教育理论课程。

二是国防教育技能课程。学校秉持"以军强身，以军健美，以军培劳"的理念，开发出在操场实施的海军旗语操、擒敌拳、匕首术、军事体育训练等国防技能课程。

三是国防教育拓展课程。学校秉持"以军养德"的理念，在训练场馆开设军乐队、定向越野、激光射击、中国式摔跤、柔道、棒垒球等国防教育拓展课程，突出"五育并举"方针，培养学生良好的道德品德。

路径三：学科融合

学科融合国防教育落实了"全民国防"的要求，也体现了"全员参与""立体呈现"等特征的爱国主义教育"全景式"色彩。

一是确定学科国防专题。学校以"军事＋"方式形成了军事地理、军事化学、军事心理、军事文学、军事政治等专题课程。

二是优化学科探究活动。学校通过观看国防教育影视作品、基地研学实践等方式，进行国防教育的课堂知识延伸，在沉浸式体验中，将学科中的国防知识放在大历史、大视野的背景中。

三是构建课堂教学范式，以"三式课堂"促进国防教育课程提质增效。规范课堂引领秩序，将军人"作风过硬，纪律严明"的优良品质融入课堂，树立学生的规则意识；多元课堂培养素养，开设军事文化、军事社团、特色军事活动和特色实践等课程，切实提高学生综合素质；赏识课堂成就师生，以"多宽容、少指责，多引导、少强制"理念，分类指导不同层次学生。

路径四：活动强化

体验活动是国防教育的关键，也是学校爱国主义教育的灵魂。学校在活动中发挥综合育人功效。

一是让环境"说话"。展馆变"基地"——建立"场"（拥军广场）、"馆"（国防教育校史馆）、"厅"（国防教育展厅）相结合的教育场景，学生随时可以潜移默化地接受爱国主义精神熏陶；校园变"军营"——上下课铃声为军号声，学生校服改为军装，佩戴少年军校校徽、胸徽，制作少年军校校旗、班牌，向教师的问候改为行军礼，开设"军歌嘹亮"校园广播站，增加军体拳、旗语操大课间项目，坚持早晚紧急集合等军事训练，形成了"满校橄榄绿，军号声嘹亮"主题文化；雕塑显"军魂"——围绕长征精神、雷锋精神、载人航天精神，修建了长征、军魂等雕塑，

爱国心，青春梦
——新时代"全景式"爱国主义教育探索与实践

设立雷锋、航天英雄丰碑，彰显少年军校"军魂"，时刻培养少年军校学员蓬勃向上、奋发进取的精神；墙壁变"教科书"——充分利用走廊墙壁和橱窗，精心制作100余幅体现少年军校特色的文化、艺术、科技、军事展牌，让墙壁和橱窗成为"会说话"的"书"，让学生在耳濡目染中求知问学。

二是让活动"涵养"。开展"八个一"活动，即每天做一次军体操，每周上一节军体课，每月看一部军事题材影片，每月一次军事训练日，每学期听一场军事知识讲座，每学期学会一首军歌，每年参加一次军事集训，每年评选一批军事优秀学员；创新传统的军训活动，将擒敌拳、旗语操、手枪战术、步枪战术、警棍盾牌术、应急棍术、匕首操等纳入军训活动，并带领学生到红军长征纪念馆进行红色体验；建立"一二三"国防活动范式，即"一个融合"（学科融合）、"两项活动"（社团活动和综合实践活动）、"三大节庆"（国防、体育、艺术）活动，统整国防教育课程的相关活动，助力系统性、多样化、有层次的国防教育。学校通过集体活动成就每一个人，让学生在活动中感悟、感知、体验国防课程活动，涵养"军人味"。

路径五：评价导向

学校充分发挥评价的导向功能，将国防教育评价纳入学生的个体综合素质评价和班级的爱国主义先进集体评价中。个体评价以教师评价、学生评价和家长评价为主，评价个体与家庭成员一起参与国防教育的情况，如将寒暑假到红色基地、国防单位实践等列入成长手册，评出"国防之星"；将班级参加国防教育活动情况纳入爱国主义先进集体评价体系中，特别在"班会活动是否共情""学生发展是否明理""职业选择是否力行""专项活动是否有效"等方面，细化国防活动班级数据，以此促进国防教育课程与学校爱国主义教育的高度融合。

新时代的爱国主义教育是基于国家安全的爱国主义教育。因此，学校努力探寻用国防教育课程淬炼新时代爱国主义精神的教育之路。

（此案例2024年8月28日发表于中国教育新闻网，有改动）

二是透析具体与抽象。从具体到抽象、从抽象到具体、抽象和具体融合这三种形式的选择要与爱国主义教育的受众群体和知识本身的特点有关系。书本上的爱国主义知识是抽象的道理或者概念，对学生实施爱国主义教育需要将这些抽象的道理具体化或者形象化。这种具体化主要有三个途径：一是知识可视化。将爱国主义知识全景呈现在学校的宣传橱窗或网络平台上，融合听觉、视觉和感觉，体现学校的教育主张和知识本身的教育性。例如，我们将各类国家荣誉获得者以及爱国主义教育的纲要知识等，展现在楼道墙壁上，将墙壁变为爱国主义教育的阵地，让爱国主义教育可视化。二是教育活动化。爱国主义教育的知识是理性的道理，要让学生体验这些道理，需要学校将这些知识进一步活动化。活动的目的是让学生进一步体验爱国主义教育知识，也是对教育知识的进一步形象具体入脑的过程。习近平总书记强调："爱国，不能停留在口号上，而是要把自己的理想同祖国的前途、把自己的人生同民族的命运紧密联系在一起，扎根人民，奉献国家。"① 我们对学生进行这样的爱国主义教育，就要将这些抽象的话语进行形象的表达，开展"英烈学习""职业交流""红歌演唱"等活动，把活动目的与爱国主义教育的道理结合起来，起到活动化人的作用。三是评价可量化。评价量化是把爱国主义教育的课程目标具体化。数据是最好实证，也是最好的目标具体化方式。爱国主义教育课程最终要落脚在课程评价上，除了可操作性外，可量化是评测的重要依据。学校爱国主义教育目标是抽象的概括，量化则是把这种抽象的概括生活化、行动化和数据化，从而化抽象为具体。例如，我们以班级集体评价推进爱国主义教育，将班级参加学校爱国主义教育活动的情况、被国家急需的航天军工军事院校录取的人数，以及班级意识形态的负面信息数据等纳入评价体系，从而促进以爱国主义教育为导向的班级集体建设。

三是透析特殊与普遍。"全景式"爱国主义教育的透析结果需要从外在的活动状态过渡到内心的觉醒状态，这就离不开特殊与普遍这两种教育状态。一是针对德育工作而言，需要从特殊的教育事件上升为爱国主义教育的普遍性的工作经验或主张，这就需要学校进行工作总结、课题研究和学术概括。二是针对教师教学而言，需要总结爱国主义教育课程的实施情况，提炼学科渗透爱国主义教育的方法，梳理跨学科的爱国主义教育融合策略等。这时候，教师需要兼顾每一个学生的爱国主义品德状态，掌握教育方法，尊重教学规律，采用有效的教育支架，挖掘内容深度，探寻活动本质，实施丰富的教学策略等，以促成爱国主义教育的深度认识。自我研修不可或缺，集体备课也不可或缺。三是针对受教育群体而言，需要从个别的学生教育中，形成教育叙事案例；从典型的学生发展变化中，探寻学生的爱国主义素养变化，从而助力学生的德育生长。

第三节 "全景式"爱国主义教育的具体措施

"全景式"爱国主义教育是"仰望星空"与"脚踏实地"的结合。"仰望星空"是指满足国家对人才需求的爱国主义教育。爱国主义教育的内容选择包括国家层面、社会层面和个人层面。"脚踏实地"是指将国家层面和社会层面的爱国主义落实到学校，选择符合学校育人场所特征的个人层面的爱国主义教育。

一、进行爱人教育，提高爱的意识和能力

进行以"榜样"为力量的"爱国人"教育，开展以"团结友善"为主题的社会主义核心价值观教育，并建立阅读区域及阅读宣传，让学生在科普读物、名著的熏陶中，感悟爱的真谛；在中华传统文化探究中，领悟爱的真理；在学科教材知识的传授中，感知

---

① 习近平：《在北京大学师生座谈会上的讲话》，人民出版社，2018年，第12页。

怎样爱以及爱的行为准则。只要具备了爱的意识和能力，就为爱自己、爱他人、爱学校做好了铺垫。学校"书香校园"阅读宣传海报如图3-1所示。

图3-1 成都市第三十六中学校"书香校园"阅读宣传海报

二、注意教师引导，提供爱校教育的样本

"教师的人格，对于年轻的心灵来说，是任何东西都不能代替的有益于发展的阳光。教育者的人格是教育事业中的一切。"正如巴拉诺夫所说，教师要有仁爱之心，要构建平等融洽的师生关系，着力关注学生的健康发展，尊重学生人格，平等对待学生，让学生从心理上感到温暖，继而转化为爱校的语言和行动。学校开展关爱主题师德教育，集中于如何关爱学生；在升旗仪式上开展关于"爱"的话题教育，内容包括爱学校、爱班级、爱自己，也涉及爱军人、爱人民、爱中国共产党。我们认为，爱国主义教育的核心是"爱"的意识和能力。

三、夯实活动建设，提供学生爱校的机会

活动建设是学校爱国主义教育效果提升的不二选择。为此，可以从班级、年级、学校三个维度构建爱国主义教育三级活动体系，从而让爱国主义教育活动走向个体对自我、对他人、对学校的热爱。教师经常开展"爱校三问"，让学生在自我审视中完成爱校教育主客体的融合和统一；年级开展研学旅行、综合实践、研究性学习等活动，让学生在学问的探究中选择国家急需行业和职业；学校开展社团活动、选修课、国家课程以及"我和我的祖国"等爱国主义教育活动，在德育教育目标的指引下，强化学生的国家意识和集体观念，增进民族自豪感和文化归属感，形成了聚焦爱国主义教育的德育活动体系表，如表3-4所示。

表 3-4　成都市第三十六中学校聚焦爱国主义教育的德育活动体系表

年段	德育目标	阶段教育目标	阶段主要活动	整体主要活动
起始年级	崇德 重礼	集体主义教育 文明修身教育 劳动礼仪教育 感恩助人教育	军事队列训练 好习惯伴我行 班级劳动值周 法制教育讲座	社会实践 节日纪念 升旗仪式 板报评比 体育健身 艺术展示 疏散演练 课间体育 国防运动 垃圾分类 评优评先 素质评价
中间年级	向善 尚美	国防动员教育 法律知识教育 责任意识教育 成人自立教育	榜样力量讲堂 应知应会比赛 防艾禁毒参观 成人宣誓仪式	
毕业年级	立志 报国	理想信念教育 心理健康教育 公民意识教育 生涯规划教育	爱家爱校爱国 心理团体辅导 青年志愿实践 志愿填报指导	

四、实施自我管理，培养学生主人翁意识

在爱国主义教育中，学校要加强学生的自我管理。一是建立自我管理的模式，即给学生自我管理和自我教育的空间，在事态发展和自我认知提高的过程中，逐步提高思想站位。为此，我校在爱国主义教育内容框架中，建立了"五自"（能自学、能自理、能自护、能自律、能自强）能力和"五会"（会学习、会生存、会做人、会交流、会创造）本领目标，学生干部参与年级管理，增强其自我管理意识。二是在活动中培养学生主人翁意识。活动是学校为学生个体实现一定的目标而组织的共同行为。教师要为学生提供表现机会，发挥他们的聪明才智，用同伴管理同伴，切实增强学生"学校是我家"的集体观念。例如，学校坚持安排班级劳动值周制，学生需在上午 7：30—8：30，参与学校公共区域的劳动清扫，加强团队协作能力，增强爱国主义精神下的爱校意识。我们认为，"脚踏实地"的爱校教育是"仰望星空"的爱国教育的逻辑起点，也是学校爱国主义教育的立足点。

五、爱国课程建构，增强学生教育的全景

学校将爱国主义教育融入学生的"五育发展"，聚焦"立德树人""智慧兴国""强健体魄""审美创新""磨砺身心"五方面课程建设，力求做到课程目标、课程设置、课程教材内容有效贯通，循序渐进，螺旋上升，逐步呈现课程的广度、深度，实现课程育人的整体性和系统性，形成"爱国修德""爱国促智""爱国强身""爱国创美""爱国实践"五个课程项目，让爱国主义教育融入中学生的全面成长中。

（一）建立课程目标

学校围绕"五育"发展，建立了爱国主义教育的课程目标，旨在增强学生的国家认同、打牢科学知识根基、增强身体素质、培养科学精神、提升意志品质。爱国主义教育的课程目标具体描述见表3-5。

表3-5　爱国主义教育的课程目标具体描述

课程目标	具体描述
立德树人	增强国家认同，传承红色基因，弘扬民族精神
智慧兴国	丰富人文底蕴，打牢科学知识，拓宽国际视野
强健体魄	掌握军事技能，培养运动习惯，增强身体素质
审美创新	提高审美能力，培养科学精神，增强创新意识
磨砺身心	增强意志品质，培养奋斗精神，增强责任意识

（二）丰富课程内容

根据"五育"课程目标，学校完善了爱国主义教育课程内容，分为爱国修德、爱国促智、爱国强身、爱国创美、爱国实践等课程。爱国主义教育的课程内容见表3-6。

表3-6　爱国主义教育的课程内容

课程	内容
爱国修德	"四史"专题课、国防军事理论课、立德树人思政专题课、英模进校园、爱国主义影片欣赏课等
爱国促智	各学科的爱国主义渗透课
爱国强身	军事定向越野训练课、无线电测向训练课、旗语操课、军事匕首操课、传统舞龙舞狮课等
爱国创美	美术作品欣赏与创作课、传统音乐欣赏与演奏课、传统美术书法课、传统戏曲表演课、诗歌朗诵课、话剧表演课等
爱国实践	军事劳动实践、重走长征路研学、祭拜烈士陵园、传统手工制作课、校园种植课、家庭劳动课、社区劳动课等

（三）明确课程要求

学校的爱国主义教育课程，充分尊重学生的身心发展差异，按照由浅入深、由感性向理性过渡的原则，分学段向初高中生提出不同的课程要求。爱国主义教育的课程要求见表3-7。

表 3-7 爱国主义教育的课程要求

课程	初中学段要求	高中学段要求
爱国修德	每年至少阅读一本爱国主义教育书籍，每年观看至少一本爱国主义教育影视作品，能讲三个爱国主义故事；注重从健康人格的形成、法律意识的培养和国情的教育等公民基本生活方面对学生进行教育	每年撰写不少于800字的爱国主义教育文章、创作一首爱国主义的诗歌、编排一个爱国主义的话剧；重视从贴近学生的日常生活和社会实际切入，引导学生认识现实生活中常见的经济、社会、政治和文化现象，获得参与现代社会生活的基本知识
爱国促智	了解科学家的故事、了解中国课学史，增进民族自尊心和自豪感；观看用英语介绍中国故事、中国人物、家乡故事的影视作品	创设爱国主义情境促进学生的各学科学习，了解学科知识在国防和军事中的运用；用英语写作中国故事、中国人物、家乡故事
爱国强身	会跆拳道、棒垒球、军体拳、匕首操、旗语操	参加国家、省、市、区级体育比赛，参加军事越野竞赛，参加无线电比赛
爱国创美	初步欣赏中国传统的漆器、山水画、青铜器、版画等艺术品，创作具有民族风格、地方特色的手工制品；会唱简单的爱国主义歌曲，红色歌曲演唱、军乐团训练	深度赏析中国传统的漆器、山水画、青铜器、版画等艺术品，探寻艺术品中蕴含的中华元素，品味艺术品中渗透的中华文化；红色歌曲合唱、红色舞蹈表演、军乐团表演
爱国实践	队列礼仪、学唱英烈赞歌、开辟班级劳动"责任田"、制定"家庭劳动责任清单"	军事劳动实践、重走长征路研学、祭拜烈士陵园、传统手工制作、校园种植、家庭劳动、社区劳动等

（四）进行课程实施与评价

为及时了解学生的反馈，学生还设计了一系列的课程实施与评价标准，力求通过多元的评价标准，展示学生的真实学习情况，以便学校及时调整课程内容与教学方式。爱国主义教育的课程实施及评价内容见表 3-8。

表 3-8 爱国主义教育的课程实施及评价内容

课程	学时	实施年级	课程评价
爱国修德	20	初一、初二、初三、高一、高二、高三	1. 定期反馈班会课的开展效果； 2. 书写升旗仪式和朝会活动的感想和随笔； 3. 开展班风、劳动实践评比
爱国促智	20	初一、初二、初三、高一、高二、高三	定期组织各种形式的主题竞赛活动，为学生提供展示平台
爱国强身	20	初一、初二、初三、高一、高二、高三	1. 制定大课间跑操评分标准和校运会评分标准； 2. 采用《国家学生体质健康标准》； 3. 课间及时点评

续表

课程	学时	实施年级	课程评价
爱国创美	20	初一、初二、高一、高二	定期组织各种形式的主题竞赛活动,为学生提供展示平台
爱国实践	20	初二、初三、高一、高二、高三	1. 各项活动的通知、小结、获奖情况; 2. 学生参加活动的照片、视频; 3. 学生参加活动后形成的作品; 4. 开学初对学生假期诵读的检测情况

六、爱国家校协同,拓宽全景教育的途径

"全景式"爱国主义教育要求不断拓宽教育的"全景"。为此,学校建立社区联动机制,形成爱国主义教育的"校社"育人共同体。通过开展参观红色基地、烈士陵园扫墓、重走长征路等研学活动,以及将军英模进校园活动,展现学校、社会的互动。同时,学校建立家校联络制度,形成爱国主义教育的"家校"育人共同体。通过成立线上线下的"军人家长讲座""党员家长讲堂""优秀家长讲堂",展现家长、学生的风采,增进家长和学生的爱国主义精神的涵养。爱国主义教育家长学校讲座情况统计如表3-9所示。

表3-9 爱国主义教育家长学校讲座情况统计

日期	家长讲堂主题	讲座对象	主讲人
2023年3月	倾注爱的教育,成就幸福人生	七年级家长	金牛区家庭教育特聘讲师黄杰
2023年3月	学习生涯规划,争当智慧家长	高二年级家长	金牛区家庭教育学会特聘专家陈橺
2023年2月	转折的智慧——初二分化期的应对方法	八年级家长	金牛区家庭教育首席讲师陈东
2022年9月	用爱与陪伴激发学习内驱力	全体家长	国家二级心理咨询师张渝
2022年9月	倾听孩子成长的声音	全体家长	成都理工大学心理教育专家刘军

第四章 "全景式"爱国主义教育的课程建设

第一节 "全景式"爱国主义教育的学科课程

学校爱国主义教育的课程采用国家课程校本化的策略，形成了以学科课程渗透爱国主义教育的模式，产生了一些典型的爱国主义教育教学设计、优秀论文和课题报告。学校聚焦学科课程，开展了爱国主义教育的教学设计、微课比赛，增强了学科教师的课程意识，也促进了思政课的高水平发展。

一、学科教学由单篇的教学设计向学科爱国课程发展

2022年，学校思政课教师罗老师的"中华文化与民族精神"大单元整体教学设计中的"永恒的中华民族精神"部分，将爱国主义指向学生发展的核心素养，是对学生爱国主义价值观的极好培育。其中有三个环节：打卡"三线"地标，感悟精神力量；品读红色家书，探寻"三线"基因；追忆火红年华，共铸爱国情怀。他将中华民族精神的核心"爱国主义"指向基本的精神内涵——创造精神、奋斗精神、团结精神、梦想精神，以学生的假期社会实践为载体，以课堂教学中的思政课的核心素养为指向，以电视剧《火红年华》为情境，突破了课堂教学的学习难点，让学生理解"中华民族精神是中华民族之魂""爱国不是抽象的，而是具体的"等道理，特别是在学习评价设计方面，建立了社会实践活动评价表和探究性学习评价表，让课堂教学走向广阔的实践，也让连贯的教学设计走向思政课中爱国主义教育的课程建构。

二、学科爱国课程的"联动体验"方法和实施特点

学生学段不同，对爱国的理解不同。为此，学校进行了不同学段、不同学科的爱国主义教育课程"联动体验"的方法研究，形成了一些学科渗透课程的方法和要求，如表4—1所示。

表4-1　学科渗透爱国主义教育方法归类

学科课程	"联动体验"具体方法
语文	1. 朗诵法：善用教材中的山河类、军旅类、思乡类文章，启发学生有感情朗诵； 2. 讲故事法：善用中国神话类、经典传统小说、诗词等课文，给学生讲故事，使其了解中国的传统文化； 3. 家校体验法：善用中华传统节日类课文，采用家校联动的方式让学生体验传统的魅力； 4. 沉浸演绎法：善用演讲词、读后感等文章，引导学生演绎爱国主义主题课本剧，沉浸式感受榜样的力量
数学	1. 人物讲述法：巧用中国数学人物，讲述人物成长故事； 2. 数字情境法：将爱国知识转化为数学知识题，引导学生在答题过程中培养爱国之情； 3. 联系生活法：利用数学生活知识，引导学生绘制国旗、国徽等象征物
英语	1. 文化对比法：将风俗习惯等阅读文本教学迁移到对应的中国文化，并进行对比； 2. 榜样凸显法：重点突出文本中的爱国榜样人物； 3. 二次创编法：指导学生对传统故事进行二次创编，重塑学生对民俗经典的理解
政治	1. 角色扮演法：通过模拟政治决策过程或法律制定场景，让学生扮演不同的政治角色，体验政治参与的过程； 2. 案例分析法：选择与国家发展、社会问题相关的实际案例，引导学生分析讨论，培养他们的政治敏锐性和批判性思维； 3. 社会实践法：鼓励学生参与社区服务、公共事务讨论等社会实践活动，将政治理论与社会实际相结合
历史	1. 历史重现法：通过历史剧角色扮演等形式，让学生重现历史事件，加深对中国历史的理解； 2. 时间旅行法：设计"时间旅行"活动，让学生"穿越"到不同的历史时期，体验历史生活，增强历史感知，培养爱国情感； 3. 历史辩论法：围绕历史争议问题组织辩论，培养学生的历史思辨能力和语言表达能力
地理	1. 地理实地考察法：组织学生进行地理实地考察，考察山脉、河流、城市等，让学生亲身体验地理环境的不同，热爱祖国大好山河； 2. 地图制作法：指导学生制作地图，如政治地图、地形图、气候图等，加深对地理知识的理解； 3. 环境模拟法：利用虚拟现实技术模拟不同的地理环境，让学生在模拟环境中学习和体验
化学	1. 实验探究法：通过化学实验，让学生亲自操作，观察化学反应的过程，体验科学探究的乐趣； 2. 情境模拟法：设计化学工业生产或日常生活中的化学应用情境，让学生在模拟环境中应用化学知识解决问题，感受中国科技的发展； 3. 化学史案例法：通过讲述化学史上的重要发现和科学家的故事，让学生了解化学发展的历史，激发科学探索的兴趣，培养爱国情怀

续表

学科课程	"联动体验"具体方法
生物	1. 生态观察法：组织学生进行野外生态观察，如鸟类观察、植物调查等，让学生亲身体验生物多样性，感受祖国丰富的生物资源； 2. 生物实验操作法：通过显微镜观察细胞结构，利用数字设备，测量影响光合作用的各种数据，精确分析各种因素对植物的影响，让学生体验生物学的精细操作和科学发现； 3. 生物模型构建法：指导学生构建生物体的物理模型或使用计算机软件模拟生物过程，加深对生物结构和功能的理解，培养其创新精神
物理	1. 物理现象观察法：引导学生观察和记录生活中的物理现象，如光的折射、声音的传播等，体验物理学的无处不在； 2. 物理实验验证法：通过实验验证物理定律和原理，如牛顿运动定律、能量守恒定律等，让学生体验科学探索的过程； 3. 物理技术应用法：让学生研究和体验物理技术在现代科技中的应用，如半导体、光纤通信等，感受中国科技的发展

学段不同，学科又有各自的特性，在整体实施基础上，学校形成了不同学科、不同学段的爱国主义教育要求，如表4-2所示。

表4-2 不同学科不同学段的爱国主义教育要求

课程	初中学段要求	高中学段要求
语文	每年至少阅读一本爱国主义主题书籍，每年观看至少一本爱国主义影视作品，能讲三个爱国主义故事	每年撰写不少于800字的爱国主义教育文章、创作一首爱国主义的诗歌、编排一个爱国主义的话剧
数学	了解数学家的故事、了解中国数学史，增进民族自尊心和自豪感	创设爱国主义情境促进学生的数学学习，了解数学在国防和军事中的运用
英语	观看用英语介绍中国故事、中国人物、家乡故事的影视作品	用英语写作中国故事、中国人物、家乡故事
人文学科：政治、历史、地理	注重从健康人格的形成、法律意识的培养和国情的教育等公民基本生活方面对学生进行教育	重视从贴近学生的日常生活和社会实际切入，引导学生认识现实生活中常见的经济、社会、政治和文化现象，获得参与现代社会生活的基本知识
理学学科：生物、化学、物理	培养对科学家的崇敬，了解他们对国家奉献的实例	从学科知识角度，渗透爱国思想
美术	初步欣赏中国传统的漆器、山水画、青铜器、版画等艺术品，创作具有民族风格、地方特色的手工制品	深度赏析中国传统的漆器、山水画、青铜器、版画等艺术品，探寻艺术品中蕴含的中华元素，品味艺术品中渗透的中华文化
音乐	会唱简单的爱国主义歌曲，红色歌曲演唱、军乐团训练	红色歌曲合唱、红色舞蹈表演、军乐团表演
体育	大课间、跆拳道、棒垒球、军体拳、匕首操、旗语操	参加国家、省、市、区级体育比赛，参加军事越野竞赛，参加无线电比赛

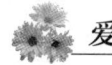

三、提炼爱国主义与学科融合的教学实施策略

（一）语文学科

1. 细读文本内容，挖掘教育资源

就目前而言，高中语文课程要落实"立德树人"这一根本任务，核心是抓好两个教育：一是加强社会主义核心价值体系教育，二是加强和完善中华优秀传统文化教育。语文教科书的编写充分体现国家意志，坚持将"立德树人"落实到底，"有什么样的教材，就有什么样的国民"。教材的编写与选择是国家意志的体现。教材中选入的传统文化作品蕴含着丰富的爱国主义教育资源，依托其开展爱国主义教育的教学研究，不仅有助于语文学科素养的落地，还能够帮助学生接受真实有效的爱国主义教育。因此，要想在一篇课文的学习过程中落实爱国主义教育，第一步就是细读文本内容，挖掘教育资源。同学们通过细读文本，品味人物语言、了解人物事迹、挖掘文章细节，感知人物形象和体会课文情感。

2. 创新课堂模式，激活爱国情感

近年来，随着课改的深入，语文课程越来越重视对学生核心素养的培养，教学方式也越来越丰富。根据教学需要选择合适的教学方法，不仅能提高课堂效率、达成教学目标，还能充分发挥学生的主体地位，凸显语文学科的特点。依托经典篇目开展爱国主义教育，不仅要做好充分的课前准备，还要有效构思课堂教学。

教师通过问题引导和任务驱动，带领学生完成基本课前预习，再以课堂讲授进行主题探究和升华，这是传统语文课堂的教授模式。这样的课堂可以让知识更集中、主题更明确，但这样的课堂也会拉大学生和文本的距离，尤其是爱国主义教育方面，很容易陷入课堂死沉、说理空洞、情感抽象等问题。由此可见，传统的语文课堂已经无法完全满足爱国主义教育的需要。因此，教师需要着重思考如何有效构思课堂教学，通过创设课堂情境、丰富教学形式、明确切入角度、培养写作能力等方式，丰富爱国主义教育的教学课堂。

从学生角度来看，高中阶段的学生自我意识逐步增强，内心向往独立生活，个性化倾向日益明显。他们接受新鲜事物的能力越来越强，也拥有更加开阔的视野，是进行爱国主义教育的黄金阶段。

语文教师应以爱国主义篇目为媒介、以语文课堂为载体，尝试把课堂交给学生，让学生用自己的方式，通过此类沉浸式学习活动，展现课文内容，站稳新时代下的爱国主义语文教育阵地。构建开放式的爱国主义语文课堂，既能尊重学生的个性追求，又能展现新时代爱国主义教育的风采。

3. 延续活动价值，具化爱国行为

教师通过对语文经典篇目的文本解读，进行爱国主义教育资源的挖掘和整合；再有针对性地开展特色活动，切实达到"以文育人，以文化人"的培养目的。如何延续活动价值，让学生所接受的爱国主义教育切实落实在日常行为中，是要解决的问题。

（1）融入课外实践活动。语文是实践性的课程，学生通过实践获得的知识和体验，要比在课堂上学习到的更为牢固和深刻。教师可以让学生通过参与课外实践活动来获取爱国主义教育的相关材料，或是将课外实践活动作为群文阅读课堂的延伸，推动下一步的探究。

（2）丰富课后评价形式。在现今"教—学—评"一致的学科发展背景下，教学评价方式应是多维度、多方法的，教师一定要及时反馈学生阅读效果，重视评价环节，促进学生阅读能力和各方面素养的发展。例如，可以开展主题写作或是通过学习评价单进行辅助评价，也可以设置与之相关的特色活动，让语文学科素养的提升和爱国主义教育的渗透更加紧密结合，相辅相成，以达到党和国家的育人目标。

（二）数学学科

1. 挖掘数学教材中的爱国主义教育元素

数学教材中蕴含着丰富的爱国主义教育元素。教师可以通过深入挖掘教材中的相关内容，引导学生感受数学知识的实际应用和价值，激发他们的爱国情感。例如，在介绍数学史时，可以重点介绍我国古代数学家的杰出贡献和创新精神，引导学生感受我国数学文化的博大精深。

2. 结合实际案例进行爱国主义教育

将数学知识与国家的实际需求和发展目标相结合，是爱国主义教育在数学课堂中的重要实践方法。教师可以通过引入实际案例，引导学生分析和解决数学问题，培养他们的创新能力和实践能力。例如，在教授统计学知识时，可以引入我国经济发展、环境保护等领域的实际案例，让学生运用所学知识解决实际问题，增强他们的责任感和使命感。

3. 开展丰富多彩的数学实践活动

开展丰富多彩的数学实践活动是爱国主义教育在数学课堂中的又一重要实践方法。教师可以通过组织数学竞赛、数学文化节等活动，为学生提供展示才华和交流学习的平台。同时，这些活动还可以增强学生的团队协作能力和创新精神，促进他们的全面发展。

（三）英语学科

1. 认知层面：加深学生对爱国主义和文化意识的理解

（1）拓展目的语国家的文化背景知识。奥苏贝尔作为认知主义学派的代表人物之一，主张有意义学习，即学习者能够在新旧知识之间建立起内在的实质性联系，形成自己对于学习材料的个性化理解。他认为先行组织者策略可以帮助学生建立这种联系，因为它是先于学习任务本身呈现的一种引导性材料，有助于增进学生对新材料的理解。在英语教学中，先行组织者策略可以用于前任务阶段，激活学生的背景知识，激发学生的学习兴趣。

先行组织者策略在外研版高中英语教材中也有所体现，该版教材的每个单元根据学生的学科能力（学习理解、应用实践、迁移创新）分为 Starting Out、Understanding Ideas、Using Language、Developing Ideas、Presenting Ideas、Reflection、Project 七个部分。其中 Starting Out 部分为背景激活，目的就在于激活学生关于单元主题的背景知识和语言知识，让学生了解本单元的话题和相关语言表达，为后续学习作铺垫。例如，选择性必修第一册 Unit 4 大标题为 Meeting the Muse，主题语境为艺术的灵感。为了帮助学生更好地理解标题的含义，教师在这一部分通过一个短片生动形象地介绍画家 Leonardo da Vinci（列奥纳多·达·芬奇），展示他的艺术作品以及灵感来源。另外一个活动则是分享了作曲家 Richard Wagner（理查德·瓦格纳）、雕塑家 Auguste Rodin（奥古斯特·罗丹）、画家 Pablo Picasso（巴勃罗·毕加索）和美学家朱光潜的至理名言，希望学生以此理解他们对灵感的感悟。然而，学生对这几位艺术家可能不是很熟悉，因此教师还可以通过 PPT 的形式分别呈现他们的背景信息。通过这一部分内容的学习，学生不仅能了解到本单元的主题意义，还能掌握相关词汇，为接下来的学习做好准备。

（2）深挖教材语篇，促进高阶思维活动。传统英语教学往往通过单个的字、词来教授英语，但近年来外语教学主张从语篇出发，依托语境来帮助学生学习英语。高中英语教材中的语篇类型多样，如记叙文、说明文、新闻特写、散文等，教师要引导学生学会分析语篇的语言特色、文体结构和写作手法，帮助学生用语篇知识进行交流、表达观点。例如，必修第二册 Unit 4 Understanding Ideas 部分的语篇为个人故事，讲述了一名外国高中生第一次观看京剧版《哈姆雷特》的感受和经历。因此，教师可以以时间为线索，带领学生找到作者在 Before the Performance, During the Performance, After the Performance 的情感以及原因。在这个过程中，学生将通过分析、总结等思维过程，深刻体会到作者为什么会有这样的感觉、中外文化的差异与融合以及中华传统艺术的巨大魅力。同时，在读后阶段，教师可以通过设问 "What should we do to spread national treasure and pass it down to later generation?" 来激发学生的思维灵活性和创造性，让他们就发展与传播中华优秀传统文化集思广益。

2. 行为层面：引导学生用英语展现中华文化

（1）丰富教学形式，给学生提供展示的机会。教学是教师与学生双边互动的过程，因此教师既要给学生提供可理解性输入，又要促进学生的语言输出。语言学家梅里尔·斯旺的"输出假说"指出，给学生提供大量语言输出的机会，对提高学习者的语言能力有重要作用。经过意义协商之后的语言输出能够帮助学习者检验自身语言表达的准确性、得体性和流利性，最终达到语言运用的自动化。① 为了提高学生的文化意识，丰富教学形式与活动，给学生提供展现的机会显得很重要，这也符合"做中学"的理念。例如，在课前进行三分钟展示活动，学生可以自选主题与演示形式进行诗歌朗诵，以小组形式制作 PPT，给大家分享京剧的历史、特点及角色等信息。京剧是中国国粹之一，是宝贵的非物质文化遗产。通过同学的介绍，学生们对京剧有了更深刻的理解，对中华文化的源远流长、博大精深感到深深的震撼。

（2）创设教学情境，营造跨文化交际的场所。语言学习的失真性一直是语言学界讨论的热点，尤其对于我们国家而言，英语只是一种外语，我们缺乏真实的语言学习的环境，而语言学习环境是学习者习得语言的重要外在因素。虽然我们缺乏真实的语言学习环境，但是教师可以在教室的场域给学生创造某个情境，让学生拥有跨文化交际的场所。建构主义学派强调，情境是学习者意义建构的要素之一，学生的学习离不开与环境的互动。以必修第三册 Unit 4 语篇 Live from the Louvre 为例，该语篇以一位博主直播参观卢浮宫的形式，介绍了雕塑 The Winged Victory of Samothrace（胜利女神雕像）、油画 Mona Lisa（蒙娜丽莎）和 Rembrandt（伦勃朗）的自画像三部作品，学生通过图片和语言表达感受到了西方艺术之美。在读后阶段，教师可以为学生创造情境：Suppose you are a tour guide, you are required to receive a group of students from the United States and show them around the Forbidden City. How will you introduce the magnificent Imperial Palace to them? Please work as a group and present your ideas. 学生以小组合作的方式进行讨论，选出代表在全班进行分享。有条件的学校还可以开展国际理解教育项目，让学生与国外的学生以视频的方式进行线上交流，感受彼此文化的异同。

3. 情感层面：加深学生对文化自信的价值内化与深度情感体验

（1）正确处理跨文化交际中情感态度的冲突。跨文化交际，简而言之，就是指来自不同文化背景的个体进行交际的过程。既然人们的文化背景不同，必然存在文化理解上的冲突。在英语课堂中培养学生的文化意识，存在两个方面的情感冲突。

第一，学生面临母语文化与目的语文化的冲突。在多元化背景下，学生需要正确对待母语文化和英语文化，做出正确的价值判断。从跨文化交际的角度出发，学生不能用

---

① 文秋芳：《二语习得重点问题研究》，外语教学与研究出版社，2010年，第55页。

某种固定的标准来看待世界,而应以一种更加宽广的视角来认识不同的文化。教师的作用就是给学生创造条件,帮助他们学会对比不同文化的异同,逐步提高他们对文化的鉴别和筛选能力。

第二,学生自身对文化的情感态度与教师存在冲突。学生作为学习的主体,具有主观能动性,对事物有自己的观点。根据让·皮亚杰的认知发展理论,学生的学习过程要经历同化、顺应、平衡三个阶段,从而最终构建自身关于知识的图式。学生将教师教授的文化知识纳入自己原本的认知结构,扩展了自己的文化知识,这便是同化。但如果学生无法理解当前的内容,就会改变、修改、补充原有认知结构,以获取新的文化知识,这便是顺应。作为教师,就需要给学生提供尽可能多的文化知识,帮助他们构建自己的图式,获得关于文化的深度情感体验。此外,教师在讨论过程中,如果尊重与理解学生的观点,那么学生也能学会正确对待他人的观点。

(2) 关注学生的内心世界与情感表达。无论哪个阶段的教学,教师都应该关注学生的内心世界,倾听他们真正的需求。如果教师只是单一地讲授书本上的知识,不考虑实际,不关注学生的内心,那么学生就只能成为"信息接收者",无法获得深度的情感体验,也不愿意主动理解与吸收文化知识。因此,教师在教学中要积极主动地探索学生的内心世界,引导他们用语言表达观点,帮助他们学会尊重文化多样性,把中华文化带向更远的舞台。

(四) 物理学科

1. 挖掘素材,强调中国在物理学领域的贡献

对物理有所了解的人都知道,物理学史上很多定律定理都是由外国人提出或总结的,比如"牛顿运动定律""开普勒三大定律"等;物理量的单位也大多是为纪念某一位外国科学家而命名的,例如"牛顿""焦耳"等。那中国呢?在物理科学发展的历史长河中如此寂静无声吗?其实不然,我国五千多年的历史沉淀,在世界科学发展史上留下了一颗又一颗璀璨的明珠,为推动科学发展作出了卓越的贡献,甚至我国古代的一些科学成就,在当时的世界上都是遥遥领先的,但很多学生对此知之甚少。因此,在教学的过程中,教师要挖掘教材素材,结合我国古代科学成就,向学生展示并强调中国在物理学发展史上的重大贡献。

案例 4-1:牛顿第一定律

力学是物理学的重要组成部分之一,在物理学中又以牛顿三大定律为核心。在学习这一部分时,会提到在距今三百多年前,牛顿通过总结前人的工作,提出了三条基本的运动定律,首次实现了关于自然科学的大综合。但大多数学生不知道的是,早在两千多年前,墨家就在《墨经》中提出"力,形之所以奋也",意为力是使物体运动的原因,这不就是牛顿第一定律的内容吗?

案例4-2：天体运动

在学习本节内容时，师生们总是着眼于地心说与日心说，认真理解开普勒三定律，却少有人认真阅读教材中关于中国古代对宇宙认识的描述。三国时期，王蕃就曾提出："天地之体，状如鸟卵，天包地外，犹壳之裹黄，周旋无端，其形浑浑然，故曰浑天……"这是人类历史上有关宇宙认识的一大里程碑式的学说，标志着人们完成了一次从感性到理性认识的跨越。中国对宇宙、天文的探索和研究历史悠久，观测天象的工具也不断问世。西汉时期，落下闳制造了浑天仪，专门用于观测天象，测定了二十八宿的距离、五大行星的移动状况等，这是一项非常伟大的研究发明。

案例4-3：指南针、磁偏角

在学习物理学的另一重要组成部分——磁学，不得不提中国古代四大发明之一的指南针。这是我国古代劳动人民智慧的结晶，造福航海、军事等方面，后传入欧洲，在欧洲后来的航海活动起到了不可估量的作用，在世界航海史上留下了浓墨重彩的一笔。在讲述该部分时，可向学生们介绍一生致力于研究科学，为推动中国古代科学进程贡献巨大力量的北宋科学家沈括，他所著的《梦溪笔谈》被称作中国科学史上的里程碑。该著作中记载了沈括通过实验证明地理和地磁的南北极并不重合，这是世界上最早证明磁偏角存在的记录，早于哥伦布400多年。

诸如此类的发现和发明还有很多，我国古代的科学成就为全世界的科学发展作出了巨大贡献，彰显出我国古代高超的科技水平。通过学习这些素材，学生将认识到中国科技并不落后，从而增强国家认同感和自豪感。

2. 结合知识，讲解国家建设的成就

物理是研究物质基本结构和运动规律的学科，是科技进步的基石。作为自然科学的核心学科，它为国家的科技发展提供了基础理论和关键技术。我国在信息、能源、交通等领域的重大科技项目，都离不开物理学的支撑。

案例4-4：中国天眼——FAST望远镜

在物理必修第一册教材"走进物理学"栏目中，有一幅很大的"中国天眼"图片，这是我国科技发展的典型代表。很多同学对此都很有兴趣，这个像大锅盖一样的东西是什么？它有什么作用呢？这个时候，教师就可以给大家介绍，这是全球最大的单口径射电望远镜——中国天眼，全名为500米口径球面射电望远镜（FAST）。FAST不仅在射电天文学领域取得了重要突破，还为我国在全球射电天文领域的地位奠定了坚实的基础。2019年4月18日，FAST首次发现的毫秒脉冲星得到国际认证，这是FAST继发现脉冲星之后的另一重要成果。FAST收集的数据对于研究脉冲星、类星体等天体现象具有重要意义，同时也为深空通信和导航提供了可能。

案例4-5：中国航天

中华民族自古代以来就向往太空，探索太空的脚步从未停歇。明朝的陶成道以生命为代价进行了飞天实验。我国航天领域真正意义上的起点是在1956年，虽起步晚、阻碍多，但一代又一代航天人扛住压力，潜心研究，突破困境，使得中国航天提速飞快，取得了令人瞩目的成就。

在"万有引力定律"一章中有一节内容专门介绍了我国航天事业取得的成就以及对未来的展望，内容虽简短，但却能给予学生莫大的震撼。"东方红一号"是我国在1970年发射的第一颗人造地球卫星，它标志着中国成为世界上第五个能够自主发射人造卫星的国家。30多年后，神舟五号载人飞船成功发射，茫茫宇宙迎来了它的第一位中国客人——航天员杨利伟，这标志着中国打破技术垄断，成为继苏联和美国之后第三个掌握载人航天技术的国家。此后，成功发射并实现绕月飞行的嫦娥一号卫星开始执行嫦娥探月计划，"嫦娥"系列探测器把月球的详细资料源源不断地带到了人类面前。

旧版的教材在"位置位移"一节中是以GPS导航系统解决定位和路线选择问题作为导入，而现在，在教材中所呈现的是北斗卫星导航系统的蓝白色标志。它是中国自主研发并投入使用的全球卫星导航系统，现在使用我们的手机导航软件时，都能听到"已为您打开北斗高清导航服务"的语音播报。

除此以外，我国还成功发射了天问一号火星探测器，并成功降落在火星表面，首次对火星进行科学探测。中国正在建立自己的空间站，现在已经有了天宫空间站的核心舱和实验舱，并进行了多次载人和无人飞行任务。随着航天技术的不断进步，中国也在商业航天领域快速发展，涌现出许多新兴的商业航天公司，推动了中国航天事业的进一步壮大。中国正在向更远的太空探索进发，逐步让人类曾经的幻想变成现实。

这些成绩的取得，离不开我国科研工作者的努力，他们秉持着开拓创新的精神，不断探索新的科研领域，攻克技术难关。正是他们的不懈努力和团队协作，才让我国取得了如此辉煌的成果。

3. 讲述科学家事迹，树立学习榜样

在高中物理教育中，除了传授物理知识，教师更需要关注对学生品格情操的培养。研究发现，优秀榜样的力量可以对学生的成长产生积极影响。爱国科学家们的事迹是一种优质的爱国主义教育资源。

在不同的历史时期，爱国科学家作为社会发展的一支重要力量，为社会进步作出了巨大贡献。从古代的张衡、近代的邓稼先，到现代的潘建伟、袁隆平，这些科学家的贡

献不仅在于他们的科研成果，更在于他们身上所体现的爱国精神。特别是在中国近现代这个时期里，涌现出了许多杰出的物理学家，他们情系中华，胸怀祖国伟业，为我国科学技术的发展鞠躬尽瘁，他们的爱国事迹鼓舞和振奋了中国人民，他们的爱国精神值得学生学习。这种精神在不同时期都深刻地影响着社会价值观念，对激发学生爱国爱校、勇于创新的精神意义重大。当前形势下，将爱国科学家的事迹融入物理教学活动中，显得必要且紧迫。爱国科学家精神的内涵包括对祖国的深厚感情、为民族振兴而努力的担当精神、追求科学真理的执着信念。这种精神的特点在于它具有鲜明的中国特色、深刻的民族情怀、强烈的社会责任感。正是这种精神，使科学家们在各自的领域研究成果斐然。

为了将爱国科学家的事迹有效地融入高中物理课程体系，我们可以在课堂教学中穿插相关案例，介绍科学家们的生平、成就和品质，引导学生对其进行分析和讨论；还可以在实验教学环节中设置相关主题的探究项目，让学生在实验实践中体验和感悟爱国精神。

案例4-6："两弹一星"功勋奖章获得者——钱学森

钱学森是中国航天事业的奠基人，为我国航天事业的发展作出了不可磨灭的贡献。钱学森青年时期便履历辉煌，跟随世界著名力学大师冯·卡门教授学习、研究航空工程理论和应用力学，手握多个硕士、博士学位，后又在美国进行相关领域的教学和研究。即使身在美国，钱学森也始终密切关注着祖国的局势和发展，决心早日回归故里，报效祖国。但归途阻碍重重，美国政府甚至以莫须有的罪名拘捕、监视他，钱学森用了五年才"走完"了这条回国之路。回国后他执着于科学探索，勇于创新，为实现国家富强和民族复兴而不懈努力，与其他研究人员一起开辟了中国航天的新天地，也为中国火箭和导弹技术的创建和发展作出了难以估量的贡献。学生可以从钱学森的事迹中学习到他致力于科学探索、热爱祖国的精神品质。

案例4-7：中国"龙芯之母"——黄令仪

黄令仪女士是我国微电子领域元老级的专家，是中国科学院龙芯研发团队的主要负责人，是国内首个半导体实验室的创始人。在精密仪器、先进设备为零，参考资料为零，还有西方国家进行技术垄断的重重阻碍下，黄令仪完成了几乎不可能完成的任务，带领中国第一个芯片研究团队研制出半导体三极管，后来又带领"龙芯"团队突破技术封锁，自主研发出了"龙芯"芯片。如今，中国"芯"早已在我国各个重要行业和领域中投入使用。黄令仪终其一生都在为中国集成电路事业的发展做贡献，践行她的心愿——"匍匐在地，擦干祖国身上的耻辱"。了解黄令仪的生平事迹，能够让学生体会到坚持科技自主创新的重要性，学习黄令仪吃苦耐劳、不折不挠的品质，以及为祖国芯片事业发展甘愿奉献终生的精神。

爱国科学家精神在现代社会的传承和体现尤为重要，通过借鉴历史上优秀爱国科学家所体现出来崇高品质，我们可以培养学生的爱国情怀和创新精神。这些品质对于提升国家的创新能力、提升国家的整体实力都是非常有意义的。在今后的物理教学实践中，教师应该更加注重将这些品质融入课程教学中，借鉴和汲取历史经验，弘扬优秀传统文化，培育新型人才，为培养新时代的优秀青年贡献力量。

4. 开展实践活动，感受科技的发展

关于学生爱国情感的培养，实践活动也是行之有效的方式之一。通过亲身参与和体验，学生能够更加深入地理解国家的历史、文化和现状，从而培养起对祖国的热爱之情。实践活动是多种多样的。

一是教师可以结合我国科技、工业等方面的情况，组织学生到科技馆、博物馆等地参观学习。此外，通过物理实验活动，学生可以亲手操作、亲眼观察物理现象，体验物理原理在实际生活中的应用，从而更加深入地理解国家的科技实力和发展潜力。

二是教师可以引导学生自主研究与我国科技发展相关的课题，如新能源技术、航空航天技术等。这样在锻炼学生自主学习能力、培养学生勇于探索精神的同时，还能够提升学生的爱国情感。

三是教师可以通过实例讲解物理原理在国家建设中的应用，如桥梁设计、高速铁路建设等，让同学们认识到物理知识在国家发展中的重要性，从而激发学生的爱国之心和学习热情，增强其对物理知识的理解。

四是学校可以组织一些以爱国主义为主题的物理实践活动，如"了解国家科技发展历程的展览""我为祖国的科技进步献一策"等活动。这些活动能让学生对国家科技发展的历程、现状有更深入的了解，激发学生的爱国热情。

开展丰富多样的物理实践活动是培养学生爱国情怀的有效做法。但在当前，实践活动在开展过程中还会面临诸多挑战，如资源有限、组织难度大等。为了提升学生的爱国情怀和综合素质，学校需要继续完善实践活动的组织和管理机制，发挥教师在实践活动中的引导作用。在未来研究中，教师可以进一步探索如何创新物理实践活动的形式和内容，以适应时代发展的需求和学生特点的变化。同时，学校应加强实践活动的评价与反馈机制建设，确保其实施能够得到有效评估和持续改进。

5. 以史为鉴知兴替，培养学生社会责任感

在近代，中国面临着技术落后等问题，难以与西方列强竞争。此外，由于长期的封建社会制度和闭关锁国政策，中国的科学技术发展受到了极大的限制，缺乏创新和突破。在很长一段时间里，中国的教育和培养体系存在严重问题，如缺乏现代化的教育设施和教学方法、教材过时、教师水平不高等。这些问题导致中国的年轻一代无法获得足够的知识和技能，难以在科学和技术领域取得突破，制约了中国近代物理的发展。

但是物理学作为一门基础性的学科,对于国家的发展和进步,意义非常大。学生应该意识到,学习物理不仅仅是为了个人的兴趣和职业发展,更是为了国家的发展和人类的进步。

学生应该认真学习物理等基础学科,打下坚实的基础,为未来的科学研究和技术创新做好准备。学生应该积极培养自己的创新思维和实践能力,敢于挑战传统观念和解决问题的方法,勇于尝试新的思路和实验。学生应该关注国家和社会的需求,了解科学技术的发展趋势和方向,将个人的兴趣和研究方向与国家和社会的需求相结合,为推动中国科学技术的发展贡献自己的一份力量。

(五)化学学科

教师可设计具有爱国主义情感的化学教学内容,如国家重点技术、环境保护等方面的案例分析;创设多元化的教学环境和实践活动,如科技创新竞赛、参观国家重点实验室等;运用先进的教学技术和手段,如虚拟实验室、数字化教学资源等,增强教学的生动性和趣味性。

1. 榜样引领策略

榜样引领是人类学习,特别是意义获得与领悟的重要方式。侯德榜是一位传奇的化学家,他的一生都在为中国的化学工业发展而努力。他早年留学海外,学成归来后,致力于中国制碱工艺的研究,历经无数艰辛,终于成功研发出"侯氏制碱法"。这一伟大的发明不仅为中国化工行业的发展奠定了基础,也为世界化工产业作出了重要贡献。侯德榜的榜样力量在于他坚韧不拔、勇于创新的精神,他用自己的实际行动诠释了"科学无国界,但科学家有祖国"的信念。梁树权的成长和发展也深受侯德榜的影响。他从侯德榜的研究中汲取了养分,将理论与实践相结合,不断探索新的化学领域。他的贡献不仅在于他的科研成果,更在于他对年轻一代化学工作者的培养和引领。他以身作则,用自己的实际行动影响着周围的年轻人,让他们看到了化学学科的魅力和可能性。这两位榜样人物的故事,让我们看到了榜样引领的力量。他们用自己的实际行动,诠释了什么是爱国、敬业、创新、奉献的精神。他们的故事激励着我们,让我们明白,只有不断学习、不断探索、不断创新,才能为国家的发展作出更大的贡献。

2. 深度挖掘策略

高中化学课程中的思政内容具有隐蔽性,要有效进行高中化学课程思政教学,教师需进行深度挖掘与分析。比如,氯气虽是有毒气体,但有消毒的作用,需合理使用含氯消毒剂,以免带来不良影响等。这些学科内容含有辩证唯物思想、爱国情怀、生命安全与健康教育等方面的课程思政内容,教师可选择一些有价值的素材资源进行辅助,结合学情选择合适的方式和时机进行渗透,提高化学课程思政效果。

(1) 教学内容的整合：在化学教学中，有意识地融入爱国主义教育内容。例如，在讲解化学反应时，可以引入我国在化工领域的发展历程和成就。

(2) 教学方法的创新：利用多媒体资源，通过视频、图片等形式，生动地展示化学在祖国建设中的实际应用。

(3) 实践活动的开展：组织学生参与化学实验，让他们在实际操作中感受化学的魅力，同时了解化学在祖国建设中的作用。

(4) 教师的角色：教师需要具备跨学科的教学能力，能够将爱国主义教育与化学学科进行有机结合。同时，教师还需要不断更新自己的知识体系，以适应教育改革的需求。

3. 案例教学策略

案例教学是《义务教育化学课程标准（2022年版）》教学建议明确提出的重要教育教学形式，是落实核心素养培育的重要内容。

(1) 爱国主义色彩的化学教学：国家重点技术。在化学教学中，我们可以引入国家重点技术作为教学主题，让学生了解我国在化学领域的重大突破和成就。例如，我们可以介绍我国的核能、绿色合成、新型材料研发等重要领域，让学生感受到我国科技力量的强大，激发他们的爱国情感。

(2) 爱国主义色彩的化学教学：环境保护。环境保护是化学教学的重要内容之一。在教学中，我们可以引导学生了解化学物质对环境的影响，以及如何利用化学知识解决环境问题。同时，我们也可以引入我国的环保政策和实践案例，如"无废城市"建设、污染治理技术等，让学生了解我国在环保领域的努力和成就，增强他们的环保意识，培养他们的爱国主义情感。通过讲解化学在环境保护中的作用，让学生明白保护环境的重要性。例如，学习如何利用化学知识处理垃圾和废水，让学生理解到自己是环境保护的重要一员。

(3) 多元化的教学环境和实践活动。为了增强化学教学与爱国层面的关联性，学校和教师可以创设多元化的教学环境和实践活动。例如，可以组织学生参观国家重点实验室，了解科研人员的科研工作，感受我国科技发展的强大动力，了解化学在国家建设中的实际应用。同时，我们还可以组织一些讲座和讨论活动，让学生了解我国的化学工业发展历程和取得的成就，从而激发他们的爱国热情；可以组织化学科技创新比赛，鼓励学生运用所学知识进行创新实践；可以利用虚拟实验室进行实验操作，提高实验的安全性和教学效果；可以开发数字化教学资源，如多媒体课件、网络课程等，让学生在家也能学习化学知识。通过教授学生元素周期表，让他们了解我们的地球是由各种不同的元素构成的。这些元素在自然界中相互作用，形成了我们周围的一切。通过学习元素周期表，学生可以理解到化学是构建我们世界的基石。化学反应是自然界中最基本的互动反应之一。通过教授学生如何观察和理解化学反应，他们可以了解到自然界的神奇和复杂。例如，燃烧是一种化学反应，不仅释放能量，还伴随着美丽的火焰。这种美丽的现象可以激发学生的好奇心和探索精神。

4. 主体体验策略

主体体验策略强调学习者全身心地投入学习中，全方位地参与问题解决的过程。在这个过程中，学习内容与爱国主义相关内容进行充分的碰撞与交流，获得良好的学习体验。这种体验会让学生切实地感受到自我理智的力量和情感的满足，进而促进后续的学习，形成一种良性循环，从而达成化学课程思政的育人效果。

通过将爱国主义教育与化学学科进行深度融合，我们可以更好地实施爱国主义教育，同时提高化学学科的教学效果。这不仅有利于学生的全面发展，也有助于提高教师的专业水平。在实际教学中，我们应注重跨学科理论的运用，以激发学生的学习兴趣，培养他们的创新精神和实践能力。我们相信，这种融合教育方式将会为我国的教育事业注入新的活力。

（六）生物学科

将爱国主义教育融入生物学科课程是培养学生科学素养和文化素质的重要途径，也是实施爱国主义教育的重要渠道。生物学是生命科学，生物学教材中蕴含着丰富的爱国主义教育题材，教师应该认真研究教材，寻找生物学知识与爱国主义教育的结合点，把爱国主义教育渗透到生物学教学中，在帮助学生获得生物学知识的同时，增强学生的民族自豪感，促进学生形成高尚的品德和情操。在高中生物课程中，如何融合爱国主义教育，使得学生在学习生物的同时，增强爱国情怀和价值观念？以下是一些具有可操作性的建议和实践措施。

1. 引入我国历史上与生物相关的成果与事件

中国是世界四大文明古国之一，创造了辉煌的文明成果。比如高中生物学必修第一册的生物科学史话中提到：1965年我国科学家通力合作，在经历了多次失败之后，终于在世界上第一次用人工方法合成了具有生物活性的蛋白质——结晶牛胰岛素。此外，在高中生物学必修第一册的生物科技进展中也有提到：自1996年第一只克隆羊多莉诞生以来，22年间各国科学家竞相研究哺乳动物的体细胞克隆，并且在牛、鼠、猫、狗等多种哺乳动物上获得成功，但一直没能跨越灵长类动物这道屏障。而世界上首例体细胞克隆猴"中中"和"华华"在我国诞生，这是科学家首次成功克隆出非人灵长类动物，意义非凡。袁隆平院士是中国杂交水稻育种专家，经过40多年的不懈努力，培育出了一系列杂交水稻新品种，不仅解决了中国人民的温饱问题，保障了国家的粮食安全，更为世界和平和社会进步树立了丰碑。袁隆平院士先后获得"国家特等发明奖""首届最高科学技术奖""共和国勋章"等多项国内奖项，以及联合国"科学奖""沃尔夫奖""世界粮食奖"等11项国际大奖，被誉为"世界杂交水稻之父""当代神农"。袁隆平院士敢于挑战创新的精神，四十年如一日为国家、民族争荣誉的精神，深深影响着学生。这样的教学将爱国主义教育在不经意间融入课堂，达成了润物细无声的效果。又如，我国科学家屠呦呦，四十几年埋头苦干，潜心中药和中西药结合研究，创制了新型抗疟药青蒿素和双氢青蒿素，有效地降低了疟疾患者的死亡率，挽救了全球特别是发展中国家的数百万人的生命。屠呦呦是第一位获得诺贝尔科学奖项的中国本土科学家，也是第一位获得诺贝尔生理学或医学奖的华人科学家。屠呦呦的成就会激励学生树立长大为国争光的远大理想。这样把爱国的种子悄然深埋在学生的心中，有一天定会生根发芽。这些实例充分显示了我国科学家们的聪明才智。把这些我国历史上的生物学成果引入课堂，在拓展学生知识面的同时，也可激发学生学习生物学的兴趣，增强学生的民族自豪感。"教学有法而无定法"，在中学生物学教学中，教师要认真研究教材，挖掘教材中实施爱国主义教育的切入点，持续性、艺术性地对学生进行爱国主义教育，让爱国的种子深深植根于学生的心中。

2. 强调生物科技研究的重要性

生物科技是当今世界科技发展的前沿领域之一，也是国家创新能力的重要标志。我国的生物科技研究现状良好，在国家政策支持下，随着技术进步与学科交叉的推动，生命科学研究和应用发展迅速，推动我国生命科学与生物技术产业持续发展，在生命组学技术、分子和细胞图谱绘制方面不断进步，干细胞技术、基因治疗、液体活检技术、脑科学研究迅速推进，推动合成生物学、表观遗传学、结构生物学和免疫学临床应用快速突破，获得多项重大研究进展。高中生物教学也很重视对学生科学素养的培养，这在教材中也有所体现。比如，教材中有生物科技进展的板块，还有科学技术与社会的板块，这些板块中都涉及了生物科学技术研究的发展历程和最新进展。教师可以通过生物科技研究的鲜活案例，引发学生对生物科技的兴趣，培养其创新意识和探索精神。当然，除了课本上提到的一些科学技术研究的内容，教师也需要给学生适当拓展一些课外的生物学科科学技术研究的最新进展。教师可以在网络上搜寻一些最新发表的期刊论文等，从中筛选出适合高中学生了解和阅读的内容，作为课堂的延伸拓展，帮助学生培养科学思维和科学探究能力。

3. 引导学生关注生物多样性保护

生物多样性保护是生态文明建设的重要内容，习近平总书记指出："绿水青山就是金山银山。"① 良好的生态环境离不开良好的生物多样性。我国地域辽阔，物种多样性也很丰富。2022年，《中国生物物种名录》收录物种及种下单元138 293 种（物种125 034 个，种下单元13 259 个）。其中，动物界63 886 种，植物界39 188 种，细菌界463 种，色素界1 970 种，真菌界16 369 种，原生动物界2 503 种，病毒655 种。不难看出，我国具有丰富的生物资源，对于我国的生态环境建设有非常好的支撑。要想保护我

---

① 本书编写组：《干在实处 勇立潮头——习近平浙江足迹》，人民出版社，2022 年，第283 页。

国的生态环境，就需要国家集齐众人之力，推进生物多样性的保护。我国正在不断推进自然保护地建设，构建以国家公园为主体的自然保护地体系。截至2019年10月，中国已建立各级各类自然保护地近万处，约占陆地国土面积的18%。2015年以来，中国先后启动三江源等10处国家公园体制试点，总面积约22万平方公里。中国打破行政区域界线，连通现有自然保护地，划定35个生物多样性保护优先区域。中国90%的陆地生态系统类型和71%的国家重点保护野生动植物物种得到有效保护，大家熟知的大熊猫、朱鹮、亚洲象等濒危物种种群数量都在不断增加。这是国家层面对于物种多样性保护做出的应对策略。学校可以邀请专家来开展生物多样性保护的讲座和活动，引发学生对生物多样性保护的思考和参与，培养学生对国家生态环境的关注和热爱。

（七）政治学科

1. 以学科知识为载体：挖掘教材中的爱国元素

教材是爱国主义教育的核心载体，其内容具有显性与隐性双重属性。显性素材集中体现于中国特色社会主义、国家制度、文化认同等主题板块，通过中国特色社会主义的演进、制度优势阐释、文化传承脉络，直接传递爱国主义核心内涵；隐性素材则潜藏于学科知识的概念解析、案例延伸与思维逻辑中，需通过深度解构教材结构、提炼价值线索，将家国情怀等元素渗透到知识传授过程。教师既要把握显性素材为爱国主义教育提供理论支点与认知框架的特点，又要通过隐性素材的学科逻辑进行深层浸润，凸显思政学科承载爱国主义教育的底色。

2. 以课程标准为导向：紧扣教学大纲

爱国主义教育是中学思政课落实"政治认同"核心素养的核心任务，须以《义务教育道德与法治课程标准（2022年版）》和《普通高中思想政治课程标准（2017年版2020年修订）》为纲领，明确目标导向、内容框架与实践路径，确保教育方向与育人要求高度统一。

3. 以学生学情为基础：分层设计教学内容

爱国主义教育须遵循学生认知发展规律，实施梯度化教学。初中学段立足感性认知，可通过"爱国诗词朗诵""红色歌曲传唱"等活动激发情感共鸣；高中学段侧重理性建构，可开展"中美关系模拟辩论""乡村振兴政策分析""网络爱国言论的边界探讨"等议题，引导学生辩证看待爱国情感与理性行动的关系。在学段分层框架下，进一步融合地域文化元素，可组织学生走访本地革命纪念馆，在实物史料中感受革命精神；调研家乡脱贫攻坚成果，以数据对比和案例解剖实证制度优势。

4. 以课堂活动为路径：创新互动形式

课堂活动是深化爱国主义教育的重要路径，教师须通过多元化、沉浸式的课堂活动,提升学生课堂的参与感,加强价值内化效果。其一,创设角色体验情境,例如模拟"外交部发言人答记者问",引导学生站在国家立场回应国际热点问题,在语言交锋与立场维护中强化学生的责任意识与爱国情感;其二,开展议题式思辨活动,围绕"全球化背景下如何守护文化主权"等话题组织辩论,通过观点碰撞帮助学生厘清爱国情感与理性行动的关系,培养理性爱国的时代新人;其三,推进项目式实践探究,以"爱国主义微电影创制"活动为载体,通过剧本创作、场景演绎与成果展评,实现从价值认同到社会行动的跃升。不同类型的活动层层递进,使爱国主义教育成为浸润于情境、淬炼于思辨、扎根于实践的成长烙印。

5. 以学科融合为拓展:构建协同育人网络

学科融合是拓展爱国主义教育广度与深度的有效路径,可构建多学科协同的爱国主义主题育人体系。与历史学科锚定精神传承,通过"党史中的青年选择"专题研习,剖析周恩来、邓小平等人救亡图存的价值抉择,在历史语境中激活青年使命意识;同语文学科聚焦情感共鸣,依托《红岩》等经典文本,开展"家国书简"创作活动,引导学生在文学叙事中体悟信仰力量;和地理学科强化实践联结,围绕"国土安全与生态保护"主题,绘制国家生态屏障地图并解析"绿水青山就是金山银山"的政策逻辑,将爱国情怀具象为可持续发展行动。思政课与不同学科的融合,使爱国主义教育突破学科壁垒,形成立体化、场景化的协同育人网络。

6. 以课后反思为调整:动态优化教学

课后反思是提升爱国主义教育实效的重要闭环,形成从收集反馈信息、分析问题、优化策略的动态调整流程。首先,建立多维度反馈渠道。通过问卷调查,对学生的课堂活动体验进行调研,精准捕捉学生兴趣点与改进诉求;借助教师教研复盘会,结合教学日志中记录的课堂生成性问题(如"学生政策分析是否体现制度自信""思辨活动中价值立场表达深度"),开展集体诊断与策略研讨;同时,可邀请其他老师进行课堂观察,从第三方视角评估爱国主义教育的渗透效果与学生参与质量。其次,基于反馈精准调整教学。针对问题对后续的教学进行动态优化和调整,使爱国主义教育始终围绕真实学情动态演进。

7. 以课后实践为补充:延伸实践育人

课后实践是爱国主义教育从认知向行动转化的关键桥梁,通过分层设计课后实践任务、多元主体协同参与课后实践,可形成爱国主义教育的育人闭环。第一,分层设计实践任务。面向全体学生设置基础任务,如参观爱国主义教育基地后撰写观后感、制作研学Vlog记录感悟,在观察与反思中深化情感认同;针对学有余力的同学设置进阶任务,如策划校园"爱国文化周"主题活动、开展"家乡红色资源保护现状"社会调研,引导学生在真实生活场景中践行责任担当。第二,强化社会协同联动。联合社区开展

"红色记忆寻访""老兵口述史整理"等志愿服务，拓宽爱国主义教育的实践场景，使学生在潜移默化中强化爱国主义情感并外化于行，在实践中自觉实施爱国主义行为。

通过七大维度的协同推进，思政课可打破空洞说教的困境，让爱国主义教育扎根学科知识、看齐课标要求、契合学生需求、融入真实情境，最终实现"政治认同入脑、爱国情怀入心、报国行动入手"的育人目标，培养兼具国际视野与民族担当的新时代青少年。

（八）历史学科

爱国主义教育与高中历史教学的融合是一个重要而有益的议题，历史学科本身蕴含着丰富的爱国主义教育资源，通过以下历史教学策略，可以帮助学生更好地理解和认识国家的历史、文化和民族精神，从而培养他们的爱国情感和责任感。

1. 深入挖掘历史教材中的爱国主义教育内容

在深入挖掘历史教材中的爱国主义教育内容前，教师应明确教育目标，落实核心素养的"家国情怀"，培养学生的国家认同感和自豪感，使他们能够理解和尊重我国的历史和文化，认识到自己在国家发展中的重要责任。历史教材中蕴含着丰富的爱国主义教育资源，包括典型历史事件、人物、文化传统等。教师可以通过深入挖掘这些资源，将爱国主义教育融入历史教学中。

例如，在讲述重大历史事件时，应强调中华民族传统精神对于国家统一和民族进步的重要性，解读团结统一、自强不息、爱好和平、重德尚义、勤劳勇敢等具有核心凝聚力的精神特质。在中国古代史部分，可介绍成功收复台湾等事件。郑成功凭借坚定的民族信念，成功驱逐了荷兰殖民者，收复了台湾，使台湾重新回归祖国的怀抱。这一壮举不仅体现了民族团结的力量，也彰显了中华民族维护国家统一的决心。在中国近代史部分，可介绍彝海结盟等事件。中国工农红军长征途经彝区时，提出"中国工农红军，解放弱小民族；一切夷汉平民，都是兄弟骨肉"等主张，成功与彝族同胞结盟，为长征胜利奠定了基础。这一事件体现了不同民族在共同目标和信仰下的团结合作，对于维护国家统一具有重要意义。在介绍历史人物时，可以突出他们的爱国情怀和奉献精神。在中国古代史部分，侧重讲解屈原、张骞、岳飞、戚继光等人的爱国精神；在中国近现代史部分，侧重讲述晚清重臣和为革命解放、科学事业奋斗的进步人士，如林则徐、曾国藩、孙中山、钱学森等人。

深入挖掘历史教材中的爱国主义教育内容，可以采取以下几个步骤。

（1）系统梳理历史教材。

仔细研读历史教材，梳理出每个章节中与爱国主义教育相关的内容，如重大历史事件、重要历史人物、民族文化等。分析这些内容在教材中的呈现方式，如文字描述、图片展示、课后习题等，以便更好地利用这些资源进行爱国主义教育。

(2) 挖掘历史事件中的爱国主义教育元素。

在历史教材中选取具有代表性的历史事件，如抗日战争、解放战争等，深入挖掘这些事件中的爱国主义教育元素。分析这些事件中展现的民族精神、爱国情怀等价值观，以及事件中的人物形象、情节等，引导学生理解这些元素所蕴含的爱国主义内涵。

(3) 挖掘历史人物中的爱国主义教育素材。

从历史教材中选取具有代表性的历史人物，如抗日英雄、民族英雄、革命领袖等，深入挖掘他们的事迹和精神。分析这些人物所展现的爱国情怀、奉献精神等品质，以及他们的言行举止、思想观点等，引导学生学习他们的爱国主义精神。

(4) 结合现实，拓展爱国主义教育内容。

将历史教材中的爱国主义教育内容与现实社会相结合，引导学生思考如何在新时代继承和发扬爱国主义精神。结合当前的时事热点和社会问题（无论是正面案例还是反面案例），引导学生分析其中的缘由利弊，并提出应对思考，提高学生的思辨能力和实践能力。

通过以上步骤，深入挖掘历史教材中的爱国主义教育内容，可以帮助学生更好地理解和认识国家的历史、文化和民族精神，培养他们的爱国情感和责任感。同时，也有助于提高历史教学的质量和效果，促进学生的全面发展。

2. 创新教学方法，增强爱国主义教育的实效性

在历史教学中，教师应采用多种教学方法，如情境教学、案例教学、多媒体教学等，以激发学生的学习兴趣和积极性。同时，教师可以结合时事热点和社会现实，引导学生进行思考和讨论，增强爱国主义教育的实效性。例如，可以组织学生观看爱国主义题材的电影、纪录片等，然后进行课堂讨论，让学生深入体会爱国主义的内涵和价值。以下是一些针对爱国主义教育与高中历史教学融合的具体学习策略。

主题学习法：围绕特定的爱国主题，如"抗日战争中的英雄事迹""新中国的成立与建设"等，整合历史教材和其他资源，引导学生进行深入学习和讨论。这种方法有助于学生系统地了解国家的历史和民族精神，形成对爱国主义的全面认识。

角色扮演法：在历史课堂上，可以让学生扮演历史人物，根据史料史实呈现历史小短剧，如"岳飞精忠报国""苏武牧羊""文天祥抗元"；也可模拟历史事件，如"五四运动中的学生领袖""五四运动后的法兰西岁月""抗日战争中的士兵"等。通过角色扮演，学生可以更加生动地感悟历史，理解历史人物的爱国情怀和奉献精神，从而加深对爱国主义的理解。

批判性思维训练：鼓励学生从历史事件中发现问题、提出疑问，并运用批判性思维进行分析和评价。例如，可以引导学生思考"为什么某些历史时期会出现爱国主义的高涨""爱国主义在不同历史时期的表现有何异同""信息化时代下爱国主义应如何扩大其影响力"等问题。这种训练方法有助于培养学生的独立思考能力和批判性思维，增强对爱国主义的理性认识。

跨学科整合：将历史与其他学科（如语文、政治、美术、音乐等）进行跨学科整合，共同推进爱国主义教育。例如，可以通过文学作品中的历史题材来感受历史人物的爱国情怀，如《离骚》与屈原的忧国情怀、《满江红》与岳飞的抗金之志、《三国演义》与诸葛亮的鞠躬尽瘁；或者通过政治学科中的政治理论，如自由主义、马克思主义等，以及国家政体的演变、民族政策等内容，从不同角度剖析国家、民族和个体之间的关系，从而思考民族精神和爱国主义的现实意义。

社会实践参与：鼓励学生参与社会实践活动，如志愿服务、社会调查等，将爱国主义教育融入实践活动中。通过亲身参与社会实践，学生可以更加深入地了解国家的社会现实和民族精神，培养爱国情感和责任感。社区服务项目可开展"扶贫帮困""关爱老人"等活动，让学生能够深入了解社会现状，培养其社会责任感和公民意识。这些活动能够让学生更直接地接触社会，从而更深入地理解国家的社会现实。

自主学习与反思：鼓励学生进行自主学习和反思，如阅读具有深刻历史内涵和人文精神的历史书籍、观看历史纪录片等。通过自主学习和反思，学生可以更加深入地了解国家的历史和文化，形成对爱国主义的深刻认识和理解。推荐的书籍包括《春秋》《史记》《资治通鉴》等，纪录片包括《河西走廊》《大明宫》等，通过这些资源，学生可以更深入地了解中国古代的历史事件和人物，感受中华民族的历史底蕴和文化传承。

以上学习策略可以帮助学生更好地理解和认识国家的历史、文化和民族精神，培养他们的爱国情感和责任感，促进爱国主义教育与高中历史教学的融合，也有助于提高学生的历史学科素养和综合素质。

3. 加强实践教学，让学生在亲身体验中感受爱国主义

实践教学是历史教学的重要组成部分，也是爱国主义教育的重要途径。除了开展社会实践活动，让学生在社会调查、志愿服务实践中培养爱国情感和责任感之外，教师也可以组织学生开展研学活动，通过参观历史遗址、博物馆等场所，让他们亲身感受国家的历史和文化。以下为几点具体措施。

（1）组织实地考察。

安排学生参观历史遗址、博物馆、纪念馆等场所，亲身感受国家的历史和文化。例如，从三星堆遗址了解神秘的古蜀文化，见证长江文明之源；从秦始皇兵马俑了解秦朝时期的军事力量和社会生活；从故宫博物院了解中国古代辉煌的建筑、绘画、雕塑艺术，以及皇室的生活方式和文化传承；从中国人民抗日战争纪念馆感受抗日战争时期的艰苦卓绝和民族精神的伟大。

也可以引导学生参与社区、乡村的历史文化调查，了解当地的历史传统和民俗风情，增强对国家和民族的认同感。例如，在西南地区，遵义海龙屯有神秘的军屯古堡和战备营盘；贵州西江千户苗寨有吊脚楼群的壮观景色，以及苗族的歌舞、银饰和饮食文化；重庆土家族乡村则保留了土家族的传统建筑和文化习俗。通过田野调查，学生可以感受各地的传统文化和淳朴民风。

（2）模拟还原历史场景。

除了在课堂上模拟历史场景，还可以利用信息化时代的工具，如 VR 技术等，还原历史场景。早在 VR 兴起之时，遵义赤水游客中心就利用 VR 技术再现了 1935 年红军长征途中著名的"四渡赤水"战役。随着技术的进一步发展，2023 年字节跳动联合国家典籍博物馆及其他多家博物馆，共同打造《古籍寻游记》。该纪录片以 VR 互动为核心，借助火山引擎视频云的三维重建和视频扫描等技术，将殷墟甲骨、居延汉简、敦煌遗书、明清档案等古籍呈现在 VR 画面中。通过这种方式学生可以沉浸式地体验历史，既能穿上铠甲、拿起武器，化身汉代的戍边官兵，也可以像古人一样观测天文，记录下自己的观测题本，跨越千年，触摸厚重的历史。

（3）开展主题实践活动。

结合重大历史事件纪念日，组织学生开展主题实践活动。以"九一八事变"纪念日为例，学校可以组织一系列主题实践活动。首先，在活动开始前，学校可以通过校园广播、宣传栏等方式，向学生介绍九一八事变的背景、过程和意义，激发学生对这一历史事件的兴趣和关注。其次，学校可以组织学生进行实地参观，安排学生参观当地的抗日战争纪念馆或历史遗址。通过实物展示、图片、视频等资料，让学生直观地了解九一八事变给中华民族带来的深重灾难，以及人民在抗日战争中的英勇无畏。在参观结束后，组织学生进行主题讨论或演讲比赛。学生可以围绕九一八事变展开思考，分享自己的感悟和体会，表达对先烈的敬仰和对祖国的热爱。这既能提高学生的口头表达能力，也能加深他们对历史事件的理解和认识。此外，学校还可以组织学生参与当地的抗战老兵慰问活动，为老兵们送去关怀和温暖，以实际行动践行爱国主义精神。

（4）利用社会资源。

与当地的历史文化机构、社区组织等建立合作关系，共同开展爱国主义教育活动，为学生提供更多的实践机会。邀请历史学者、文化名人等为学生举办讲座、报告等，让学生从不同角度了解国家的历史和文化，增强对国家的认同感和自豪感。

4．注重多元评价，不断完善爱国主义教育体系

在教学过程中，教师应注重评价和反馈，及时了解学生的学习情况和思想动态。通过评价学生的作业、课堂表现、实践活动等，可以发现学生在爱国主义教育方面的不足和问题，从而有针对性地进行指导和帮助。同时，教师可以通过问卷调查、座谈会等方式收集学生和家长的反馈意见，不断完善爱国主义教育体系。

（1）观察法：教师可以通过观察学生在课堂上的表现，如参与度、注意力、情绪反应等，初步评估学生对爱国主义教育的接受程度和兴趣。

（2）作业分析：布置与爱国主义教育相关的作业，如撰写历史人物的爱国事迹、分析历史事件中的爱国主义精神等，通过作业的质量和内容了解学生的学习成果。

（3）课堂测验：设计包含爱国主义教育内容的课堂测验，可以是选择题、简答题等形式，检验学生对相关知识的掌握程度。

(4)项目或研究报告：组织学生进行小组或个人的项目研究，如某个历史时期的爱国主义精神研究、某个历史人物的爱国事迹调查等，通过研究报告评价学生的研究能力和对爱国主义的理解。

通过以上评价方法的综合应用，教师可以更全面地了解学生在爱国主义教育方面的表现和需求，从而调整教学策略，提高教学效果。同时，教师也可以鼓励学生进行自我反思和总结，促进他们的自主学习和成长。

（九）地理学科

1. 挖掘地理教材中的爱国主义教育内容

作为传递地理知识和培养地理技能的重要载体，地理教材蕴含着丰富的爱国主义教育内容。为了充分发挥地理教材在爱国主义教育中的作用，我们需要深入挖掘其中的相关内容。

(1)关注地理教材中的国家地理概况部分。

这部分内容通常包括国家的地理位置、地形地貌、气候特征等。详细介绍这些内容，可以让学生更加全面地了解祖国的地理环境，从而增强对祖国的热爱和自豪感。例如，在介绍祖国的地形地貌时，可以突出展示祖国的壮丽山河和自然景观，让学生感受到祖国的自然之美。

(2)挖掘地理教材中的历史文化内容。

地理与历史文化紧密相连，地理教材中蕴含着丰富的历史文化元素。挖掘这些内容，可以让学生更加深入地了解祖国的历史演变和文化传承。例如，在介绍某个地区的地理特征时，可以穿插讲述该地区的历史故事和文化特色，让学生感受到祖国深厚的历史文化底蕴。

(3)关注地理教材中的区域发展成就部分。

随着国家的发展和进步，各个地区都取得了显著的成就。教师可以介绍这些地区在经济发展、城市规划、环境保护等方面的成就，让学生感受到祖国在各个方面都取得了巨大的进步和发展。这有助于培养学生的国家认同感和自豪感。

挖掘地理教材中的爱国主义教育内容，需要关注国家地理概况、历史文化内容和区域发展成就等方面。深入挖掘这些内容，可以让学生更加全面地了解祖国、热爱祖国，并为国家的繁荣富强和民族的伟大复兴贡献自己的力量。

2. 通过地理实践活动培养学生的国家责任感

在地理教学中，实践活动是培养学生国家责任感的重要途径。通过参与实践活动，学生不仅能够将理论知识与实际应用相结合，还能更加深入地了解国家的地理环境、资源状况和发展需求，从而培养他们对国家的责任感。下面将详细阐述如何通过地理实践活动培养学生的国家责任感。

(1) 开展实地考察活动。

实地考察是地理实践活动的重要组成部分。组织学生参观自然保护区、工矿企业、城市规划展览馆等场所，让学生亲身感受祖国的自然之美、发展之快。在实地考察中，学生可以深入了解当地的地理特征、生态环境、经济发展状况等，从而更加深刻地认识到祖国在自然保护和可持续发展方面所面临的挑战和责任。同时，通过与当地居民的交流互动，学生还能更加深入地了解地方文化和民俗风情，增强对祖国的文化认同感和归属感。

(2) 参与地理科研项目。

参与地理科研项目可以让学生在实践中发现问题、解决问题，培养他们的科学精神和创新能力。在科研项目中，学生可以深入研究某个地理问题或现象，通过收集数据、分析原因、提出解决方案等过程，了解国家在该领域的现状和发展需求。通过参与科研项目，学生可以更加清晰地认识到自己在国家发展中的义务和作用，从而更加积极地为国家的发展贡献自己的力量。

(3) 开展社会服务活动。

地理学科具有很强的社会服务性。组织学生参与环保活动、社区规划、灾害防治等社会服务活动，可以让学生将所学知识应用于实际问题的解决中，为社会作出贡献。在这些活动中，学生可以深入了解国家在社会服务方面的需求和挑战，认识到自己在其中的责任和使命。通过参与社会服务活动，学生可以培养出对社会负责、对国家忠诚的品质，形成强烈的国家责任感。

(4) 加强地理教育与国家战略的融合。

地理教育应该与国家的战略需求紧密结合。可以介绍国家的地理战略、区域发展政策等内容，引导学生关注国家的发展大局和战略方向。同时，地理教育还应该关注国家在全球治理中的角色和责任，培养学生的国际视野和全球意识。

3. 运用现代信息技术手段增强爱国主义教育效果

现代信息技术在提升教育效果方面具有显著优势，尤其在爱国主义教育中，其作用不可忽视。利用多媒体教学资源，如视频、图片和互动软件，可以生动展现祖国的壮丽山河、悠久历史和辉煌成就，让学生在视觉和听觉上受到强烈冲击，从而激发爱国情感。网络平台为学生提供了丰富的爱国主义教育资源。在线博物馆、数字图书馆等，使学生能够随时随地深入了解国家的历史和文化，培养他们的国家认同感和民族自豪感。此外，利用现代信息技术还可以创新教学方式。例如，在线互动、虚拟现实等技术可让学生参与模拟实践，体验国家发展的艰辛与辉煌，增强他们的国家责任感和使命感。现代信息技术手段还可以加强爱国主义教育的互动性。教师可通过在线讨论、问卷调查等方式，鼓励学生积极参与，表达自己的观点和感受，从而加深对爱国主义教育的理解和认同。同时，教师还可以利用这些手段为学生展示我国的地理成就和发展前景，激发学生的爱国热情和责任感。

4. 借助地理案例分析提升学生的国际视野

在全球化的背景下，培养学生的国际视野显得尤为重要。地理教师可以选取具有全球意义的地理案例，如气候变化、跨国资源合作等，引导学生进行分析和讨论。通过比较不同国家的地理环境和资源状况，让学生认识到各国之间的相互依存和共同发展的重要性。同时，教师可以引导学生关注国际地理政治格局和地缘政治风险，让他们了解国家在国际舞台上的地位和作用，提升他们的国际视野和全球意识。

（十）心理健康

1. 挖掘课程资源

教师应充分挖掘课程资源，寻找爱国主义教育与心理健康教育的结合点，使学生在学习知识的同时，接收到正确的价值观和思想教育。例如，以心理健康教育课程为载体，深入挖掘心理健康课程中的爱国主义元素，如"青春的信仰之行""人民有信仰，国家有力量""红军战士们的自我实现之路"等；借助心理健康教育特有的体验方式，例如团辅、心理情景剧等，实现爱国主义教育的入脑入心。

2. 创设教育情境

教师可以创设一些具有爱国主义情感色彩的教育情境，如参观革命历史纪念馆、观看爱国电影等，让学生在情境中体验爱国主义情感，同时培养他们的心理素质。

3. 开展主题活动

教师可以定期开展以爱国主义为主题的教育活动，如主题班会、演讲比赛等，让学生在参与活动的过程中，增强对祖国的认同感和自豪感，提高他们的心理素质和表达能力。

4. 注重个体差异

教师应关注学生的个体差异，针对不同学生的心理特点和需求，采取不同的教育方式，使每个学生都能在爱国主义教育中得到成长和发展。

5. 强化师资培训

教师是实施爱国主义与心理健康教育融合的关键因素，应加强对教师的培训和指导，提高教师的专业素养和教育能力。

6. 家校合作

家庭教育对学生成长具有重要影响，学校应与家长密切合作，共同营造爱国主义教育的氛围，让学生在家庭中也能得到正确的引导和培养。

7. 创新教育方式

随着科技的发展，教师可以利用互联网、新媒体等手段，创新教育方式，如开发爱国主义教育软件、利用网络平台开展互动教育等，提高教育的趣味性和实效性。

8. 构建评价体系

学校应建立完善的评价体系，对学生的爱国主义情感、心理健康状况等进行定期评估，及时发现问题并采取相应措施。

9. 融入日常生活

将爱国主义教育与心理健康教育融入学生的日常生活，如在日常生活中注重培养学生的团队协作精神、集体荣誉感等，使学生在日常生活中不断受到熏陶和教育。

10. 引导社会实践

引导学生积极参与社会实践活动，如志愿服务、社会调查等，让学生在实践中感受爱国主义精神，同时培养他们的社会责任感和奉献精神。

以上方法可以有效地将爱国主义与心理健康教育融合在一起，提高学生的思想觉悟和心理素质，培养他们成为具有爱国情怀和健康心理的优秀人才。

四、完善学科爱国课程的"一全三进"的活动实施策略

学科课程是"全景式"爱国主义教育实践的关键，学校建立和完善了学科课程爱国主义教育的"一全三进"工作策略。"一全"是将爱国主义精神贯穿学科教学的全过程；"三进"是具体表现的三个方面：进课堂、进教材和进头脑。教师根据学科的核心素养，将爱国主义列为第一素养，进行知识衔接、方法贯通、导图呈现的教学。学科课程教师赛课及拓展活动如图4-1所示。

图 4-1 学科课程教师赛课及拓展活动

加大爱国主义教育的比重，特别是成都市第三十六中学校作为少年军校，具有国防教育的特色，教师应加大以此为基础的爱国主义教育，在学科教学中体现民族精神、民族力量。

鼓励教师实施学科的拓展和研究，但必须与爱国主义教育的研学旅行结合起来。为此，学校建立爱国主义教育学科"一全三进"课堂质量评价以及观察量表，学科爱国主义课堂教学质量评价表（见表4-3）主要是供评课者使用，学科爱国主义教学课堂关系状态观察量表（见表4-4）供观课者观摩记录。授课者、观课者和评课者聚焦于同一堂课，从爱国主义教育的维度进行学科渗透爱国主义教育的"三合一"观照。虽然评价量表不是非常科学，但是通过学科实施爱国主义教育的指向非常鲜明，促进了"全学科""全育人""全方面""全过程""全参与"的"全景式"爱国主义教育。

表 4-3 学科爱国主义课堂教学质量评价表

姓名　　　　　　　　　　　　　　学科　　　　　　实施班级
课题

维度	特征评价	分数
教学理念（5分）	了解、理解或运用统整性或创生性教学理念，追求爱国核心素养的育人生成	
教学目标（10分）	能整体认知，深度理解和融合创生，遵循认知规律、关注认知需求、激活认知冲突；转换教学知识、用爱国知识解释生活现象、根据爱国知识进行逻辑推断；促进知识与能力的横向拓展、纵向延伸、前后贯通	

续表

维度	特征评价	分数
教学内容（15分）	能促进爱国知识的深刻性、结构性和生活性；深刻理解爱国知识、系统掌握爱国知识、灵活运用爱国知识；关联爱国相关知识、梳理爱国知识脉络、形成爱国知识框架；做到爱国知识反映生活、概括生活	
教学过程（20分）	学科爱国知识融入生活、技术融入爱国教学过程、理念融入爱国行动；新旧爱国知识融合、思行融合、知情融合；爱国教学层级融通、学段融通、环节融通	
教学策略（30分）	爱国情景体验，情景贴近学生"最近发展区"、情景彰显真实性、爱国情景激发学生真情实感；爱国知识统整，注重新旧知识衔接与联通、善于发现新旧知识间的联系、能从知识体系中提取所需知识点；爱国思行合一，创意想法化为实际行动、面对实际问题能找到解决办法、课内课后案例反思改进；爱国实践参与，主动参与创生性的活动、自主探究具有挑战性任务	
教学成效（20分）	形成爱国整体认知，遵循学生认知规律、关注学生认知需求、激活学生认知冲突；深度理解爱国，用自己的方式转换所学的知识、运用所学知识解释生活现象、根据所学知识进行逻辑推断；爱国融合创生，横向拓展知识宽度、纵向延伸知识广度、前后开拓知识深度	
总体评价		总分

表4-4 学科爱国主义教学课堂关系状态观察量表

执教课题　　　　　　　　　　　　　　时间
被观察者　　　　　　　　　　　　　　观察者

角度	观察内容	课堂描述、观察结果	
		定量（判断）	定性（优良中差）
爱国新旧知识相联	是否注重新旧知识的衔接与联通		
	能否发现新旧知识间的联系		
	遇到问题能否从知识体系中提取		
爱国思考与行动合一	创意想法能否化为实际行动		
	面对实际问题能否找到解决办法		
	课后是否经常进行反思、改进		

续表

角度	观察内容	课堂描述、观察结果	
		定量（判断）	定性（优良中差）
爱国层次与层次贯通	教学目标是否层层分解，体现整合性、系统性		
	教学内容是否前后衔接，体现相关性、确定性		
	教学环节是否环环相扣，体现前瞻性、后顾性		
	课前、课中、课后是否连为一体，体现关联性		
爱国学科与生活联结	能否联系生活实际引导学生对未知世界的探究		
	能否运用间接经验解决生活实际问题		
	能否将"生活味"与"学科味"有机结合		
爱国主义教学总体评价	描述：	定级：	

教师以这两张表作为爱国主义教学评价工具，以赛课、课案设计、微课比赛等方式，促进了学科爱国课程的广泛实施和优质发展。

第二节 融合共生样态下的"全景式"爱国主义教育的专题课程

一、发展"全景式"的爱国主义融合共生的课程样态

"融合共生"是"全景式"爱国主义教育实践的典型样态。在所有的爱国主义教育课程实践中，我们重点研究了我校以国防教育为载体的爱国主义实践，就国防教育课程与爱国主义教育课程的融合共生发展形成了以下一些思考。

（一）融宣传，共生场景

一是讲究层次。广义的学校爱国主义教育包括爱党、爱国、爱军、爱校、爱班、爱己、爱家等。这就需要学校选择符合自身发展需要、具有层次性特点的环境场景，让爱国主义精神多角度、全方位、有重点地熏陶学生。为此，成都市第三十六中学校的爱国主义教育将"爱党"放在师生教育的第一层次，让师生每天进校就可以看到党的主题教育、党的教育方针和党的会议决议，组织学生每月开展"理想信念""学党史，强信念，跟党走""长征史"等党课活动。二是分区布置。学校根据自身教育追求和区域功能特

点，建立了以爱国主义教育为内核的十个文化区域，分别为党建引领区、师德示范区、爱国拥军区、国防展示区、学校文化区、健康生活区、"五育并举"区、畅享阅读区、生态文明区、学生风采区。学校分区域布置，突出了爱国主义教育在自身发展中的具体要求。三是突出重点。学校精心设计和重点宣传自身的内容，在内容的鲜明性和版面的精致性中，夯实爱国的根基——爱校，重点展现了学校的"一训三风"、办学理念，布置了荣誉墙、师生风采展，设计了围绕校风"坚韧、奉献、创新"，指向长征精神、雷锋精神和载人航天精神的教育场景。

（二）融育人，共生情感

一是加强组织建设，凝聚教育力量，为情感生发提供保障。健全组织建设是学校少年军校建设的根本保证。学校建立了以书记、校长为军校校长，当地武装部长为副校长的各方参与的组织架构。在少年军校建设中，学校突出了目标导向，把少年军校建成贯彻习近平强军思想和总体国家安全观的学校，让其成为传承红色基因、培育党的"红孩子"的重要基地。学校与当地武装部、退役军人事务局等相关部门携手，打造了军地协同共建少年军校的共育新样态。二是紧扣"双向循环"，盘活阵地资源，为情感生发拓宽途径。学校在少年军校建设中，根据队员的年龄特点，打造"线上＋线下""校内＋校外"的活动阵地，紧扣可听、可看、可感、可触的"双向循环"阵地建设链，营造沉浸式教育氛围。例如，"线上＋线下"的活动阵地，不仅立足线下阵地，还利用网络媒体平台，用好"少年军校"微信公众号、红领巾电视（广播）台等。学校通过上下课的军号声、重大活动着军服，鼓励更多队员参加少年军校活动，体验做军人的光荣感。此外，学校还积极创建国防教育馆、军事军械陈列库、军训训练场等校内阵地，组织队员开展军事体育运动会，进行学生授衔授装仪式，开展将军进校园、英雄讲事迹等活动，丰富爱国主义教育活动，激发学生在少年军校这个熔炉中的自豪感。三是融入教育教学，规划校本课程，为情感生发夯实基础。课程建设是少年军校建设的关键与内核。学校将少年军校建设与学校的课程建设紧密结合，与学校的开学典礼、成人成长礼、"'一二·九'致敬英雄、军歌嘹亮"等重大活动相结合，形成少年军校活动"课程年历"，推动少年军校学员与时代英雄的情感共鸣。与综合实践、体育课等学科课程相结合，从家国情怀、忧患意识、英雄气概、国防参与等方面编写校本教材，引导队员们强健体魄，磨炼意志，传承中国人民解放军艰苦奋斗、不怕牺牲、勇敢顽强的优良传统，激发保家卫国的雄心壮志。与学校的团队建设课程相结合，广泛开展红旗团委和英雄中队的创建活动，始终把传承红色基因的爱国主义教育作为少年军校课程的落脚点，铸牢"知党史、感党恩、跟党走"的爱党拥军意识。

（三）融评价，共生素养

国防素养，包括国防观念、国防思想、国防知识和国防能力等。根据这些素养的追求，学校构建了体现"全景式"式爱国主义教育的国防教育三维课程：国防教育理论课程、国防教育技能课程、国防教育拓展课程。以"五育并举"来提升学生的国防素养，激发学生成为"立志成才，报效祖国"的时代新人。当然，提升这些课程所需的素养离不开班级爱国主义教育的评价。学校充分发挥评价的导向作用，通过个体评价和集体评价的方式，以国防教育活动参与情况，培育爱国主义精神。个人评价主要将家庭个人参与国防情况列入成长手册，每学期评出爱家之星；将少年军校个人发展情况纳入综合素质评价，评出爱校之星、爱军之星、爱国之星等，并进行表彰。学校将爱国主义教育的评价重心放在班级评价层面，以爱国主义教育先进班级的评比，促进"全景式"爱国主义教育的整体水平提升。

（四）融研究，共生成果

一是丰富学校精神文化。学校围绕培养能担当民族复兴大任的时代新人的育人目标，按照"以军养德、以军促智、以军强身、以军健美、以军培劳"的办学思路，采取"国防教育进课堂、军事训练上操场"的模式，通过系统构建少年军校组织文化、校园文化、课程文化、制度文化、师资文化、对外交流文化，着力培养学生的爱国主义精神、集体主义精神和艰苦奋斗精神，提高学生特别爱学习、特别懂礼貌、特别守纪律、特别能吃苦的"四特"素质，增强学生自学、自理、自护、自律、自强的"五自"能力，掌握会学习、会生存、会做人、会交流、会创造的"五会"本领，取得了良好的办学声誉。二是助力学校品牌建设。针对以前开展爱国主义教育存在的学科局限、内容陈旧、形式单一、评价缺失等问题，新时代"全景式"爱国主义教育坚持党的领导，建立了爱国主义教育"四全三新"的行动框架："四全"，即"全方位展开""全学段推进""全学科渗透""全过程评价"；而"三新"是指"新内容""新形式""新方法"。在完善爱国主义教育的实践中，学校在"做中学，学中思"，探索出爱国主义教育的"双向"环境育人、"两翼"课程育人、常态活动育人、多元评价育人"四育"模式，将爱国主义教育融入学生的德行培养、体魄训练、智力发展、能力提升中，融入教师的专业化发展中，融入学校的高品质办学实践中。"三融"办学取得了显著的办学成效：学校先后获得了全国少年军校示范校、全国国防教育特色学校、全国国防教育示范学校等多项殊荣。三是提升学校思政水平。学校夏子辉工作室团队从"全景式"爱国主义教育中汲取经验，提升了思政课教育水平。其成果"中学思政课价值观教育的'三步五环'教学模式"荣获基础教育国家级教学成果二等奖。在教育部大中小学思政课一体化共同体（四川）首届大中小学思政课教学创新设计活动竞赛中，学校获得一个特等奖、两个一等奖的好成绩。学校以思政课研究为突破口，开展学科渗透爱国主义教育的研究，助力教师发展，提高教师的课堂教学水平。

二、构建"全景式"的爱国主义专题课程

（一）构建了国防教育课程

学校在融合共生样态下，聚焦学校的办学特色——国防教育，构建爱国主义教育的专题课程。一是开发校本教材。学校根据现有的六个方面课程资源（即国家国防法规和政策、国防军事常识和兵器知识、军事理论和军事历史、当今国际军事形势和军事发展现状、专家军事专题讲座课程、军人的英雄事迹），遵照"国家课程校本化、地方课程生活化、校本课程活动化"的课程改革思路，自主开发了《军歌嘹亮》《军事地理》《军旅诗歌》《防化与军事》《边塞军旅诗选读》《国防知识》《孙子兵法》《军事史话》《魅力天回》等20余种校本教材。二是构建"一主三维"德育课程内容体系。立足国防教育特色主线，构建三维课程内容。国防教育理论课程：在"国防教育与学科教学高度融合"理念指导下，秉承"以军促智"目标，在学科教学中融入国防知识，开设中国国防、军事思想、国际战略、国家安全、军事高新技术、信息化战争、战伤救护、军队三大条令条例、军事地理、军事化学、军事心理、军事文学、军事政治等国防理论课程。国防教育技能课程：在"国防理论与实践相互结合"理念指导下，秉承"以军强身，以军健美，以军培劳"目标，开发出海军旗语操、擒敌拳、匕首术、步枪战术、手枪战术、警棍盾牌术、应急棍术、军队共同科目训练、军事体育训练等国防技能课程。国防教育拓展课程：在"学生阶段性学习与未来发展相互贯通"理念指导下，国防教育拓展课程秉承"以军养德"目标，开发与国防教育有关的军乐队、定向越野、激光射击、中国跤、柔道、棒垒球等国防教育拓展课程。课程内容体系突出德智体美劳"五育并举"，拓展视野与见识，培养学生品德与修养。

（二）构建了"六爱"专题课程

1. 确立"全景式"爱国主义教育"六爱"目标

"六爱"专题活动课程的总体目标与《中华人民共和国爱国主义教育法》基本目标一致：继承和发扬爱国主义精神，培育学生的爱国情感，促进国家认同，做到个人发展与国家需要同频共振。具体来说，以爱国主义为核心，在与国家爱国主义教育内容紧密联系的"六爱"教育中，培养学生的"五自""五会"能力，形成"五育铸魂，立志报国"的新时代优秀学子。我校的校训是"立志成才，报效祖国"，爱国主义教育的"校本化"最终要落实到个体的全面发展上，为国家需要做好基础准备。"全景式"爱国主义教育的"六爱"总体目标和序列化目标如图4-2、图4-3所示。

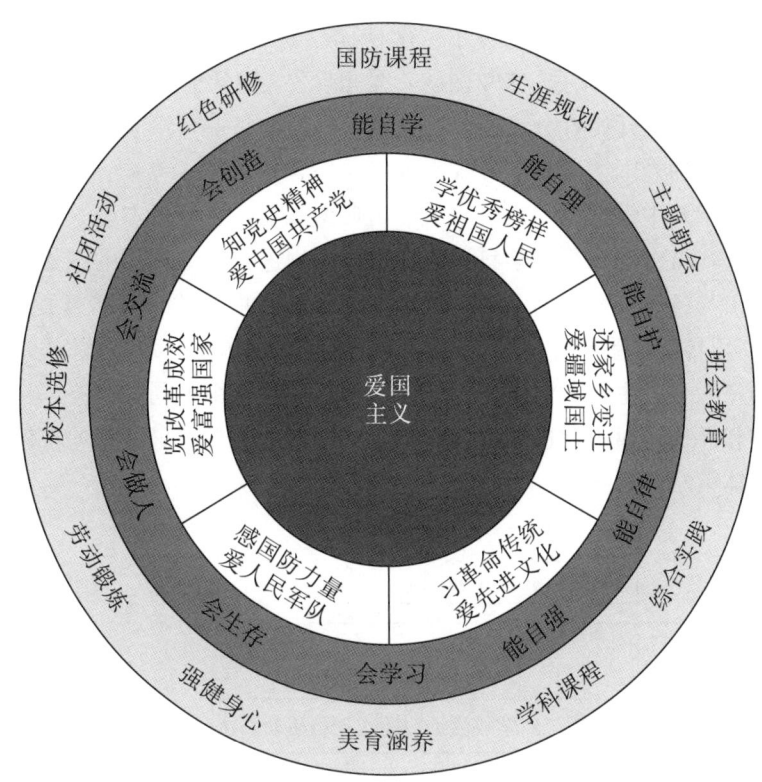

图4-2 "全景式"爱国主义教育的"六爱"总体目标

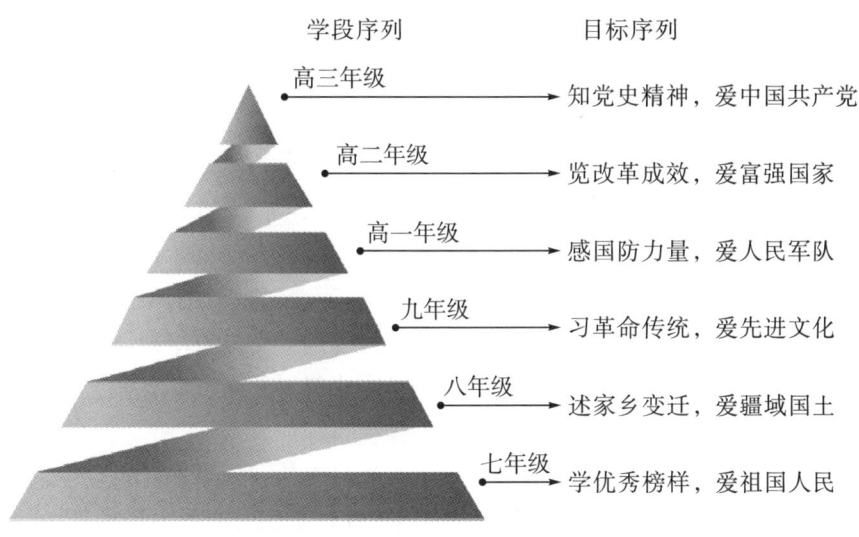

图4-3 "六爱"序列化目标

2. 建设"全景式"爱国主义教育的"六爱"课程内容

学校根据爱国主义教育的政策要求、成都市爱国主义教育的现状,以及学校是全国国防教育示范校的情况，校本化选择了"敬榜样，爱国人""览家乡，爱国土""习传统，爱文化""知成就，爱国家""知国防，爱军队""知党史，爱中国共产党"的"六爱"主题，从起始年级开始，分年段实施，进入学校的每一个学子，从入校到毕业，就能完整地接受学校的爱国主义教育。

成都市第三十六中学校以"六爱三式"为典型概括，进行了"全景式"爱国主义教育的校本化探索，将专题课程、学科课程和活动课程进行了结构化的统整。学校结合教育实际，建立了与各学段匹配的、具有一定逻辑和鲜明指向的"敬榜样爱国人""览家乡，爱国土""习传统，爱文化""知成就，爱国家""知国防，爱军队""知党史，爱中国共产党"的"六爱"主题，然后运用三种模式，分别采用不同的策略，将这三类课程的目标、内容和评价贯通，促进了学校"全景式"爱国主义教育课程的有效统整，形成了校本实施立体策略，如图4-4所示。

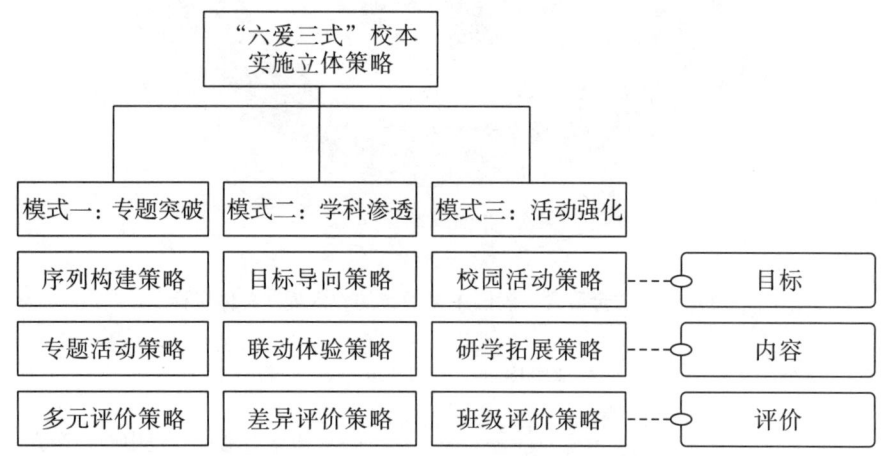

图4-4 "六爱三式"校本实施立体策略

学校"六爱"主题包括知识层面和活动层面。知识层面，以《"六爱"教育》读本为载体，分年段实施，对学生进行关于"六爱"知识的教育。读本包括引入、知识、实施、评价、体会等内容，指向爱国主义精神的一些关键知识，助力学生的爱国情怀培养、国家认同的涵养。活动层面，学校整合学校的爱国主义教育活动，从"六爱"的维度开展系列活动，让学生在活动中得到体验，进一步促进"六爱"育人目标的达成。

（1）设置了浸润"六爱"爱国主义教育的课程目标。

各学科教研组围绕"六爱"总目标，挖掘各学科中的"六爱"元素，设定各学科浸润课程的爱国主义教育子目标（见表4-5），以此支撑爱国教育总目标的达成。

表 4-5 爱国主义教育的课程目标

学科课程	课程目标
语文	1. 在山河类文章的诵读中，激发学生对祖国的壮美山河的喜爱之情； 2. 在中国神话类、传统节日类课文的教学中，了解中国的传统文化，为祖国传统文化的博大精深而骄傲； 3. 在写人记事类文章教学中，激发学生对优秀国人的敬佩之情； 4. 在革命故事类篇章教学中，了解国家、中国共产党的发展历史
数学	1. 通过介绍中国数学人物的背景故事，激发学生对中国古代数学家的敬佩之情； 2. 在中华数学文化背景介绍中，让学生感受到中国古人的智慧，培养民族认同感； 3. 在数学生活概念，如人民币、国徽等的学习中，了解国家的基本常识
英语	1. 在中外人文语篇阅读中，通过中外对比，深入了解中国传统节日、饮食文化，并能树立民族文化自信； 2. 在传统故事学习中，感受中国经典文学对其他国家的影响力，激发学生对中国文化的自主探索兴趣； 3. 在国际通用语言表达教学中，了解中国在地球上的位置、独有的地理风貌； 4. 通过观察描写古今知名人物，感受榜样的力量
美术	1. 通过赏析中华优秀传统美术作品，提高对祖国艺术家、中华文化的了解水平； 2. 在剪、画、贴等技艺学习中，感受中华传统艺术之美； 3. 在出游鉴赏、写生体验的过程中，直观感受国家的秀美和富饶，激发民族自豪之情
音乐	1. 通过了解爱国作品创作背景，获得关于祖国历史事件、英雄人物、多民族文化的基本知识； 2. 通过演唱爱国歌曲，抒发对祖国山河、家乡美景、富饶地产、灿烂文化的眷恋、自豪之情； 3. 在《义勇军进行曲》《我们是共产主义接班人》等音乐的器乐演奏中，初步萌生报效国家的理想
体育	1. 在队列训练、广播操教学中，通过了解中国的传统体育技艺和体育成就，培养学生顽强拼搏的民族精神和对强大祖国的自豪之情； 2. 在体育技能教学课中，通过项目故事的分享，鼓励学生继承和发扬解放军舍己为人、为国奉献的精神
化学	1. 科学精神培养：通过化学实验和理论学习，培养学生严谨求实、勇于探索的科学精神，为国家科学技术的发展贡献力量； 2. 化学与国家发展：介绍中国化学领域的重大发现和创新，如合成氨、稀土元素的应用等，让学生了解化学在国家工业、农业和国防中的重要角色； 3. 环境保护意识：教授化学知识在环境保护中的应用，如污染物处理、绿色化学等，培养学生的环保意识和责任感； 4. 化学与传统文化：探讨化学在中国传统工艺中的应用，如陶瓷、造纸、火药等，让学生认识到化学与传统文化的紧密联系

续表

学科课程	课程目标
生物	1. 生物多样性保护：通过学习中国的生物多样性，培养学生对生物多样性的保护意识，认识到保护生物多样性对国家生态安全的重要性； 2. 遗传学与民族健康：介绍中国在遗传学研究方面的成就，如对遗传病的研究和预防，培养学生对民族健康的关注； 3. 农业生物技术：教授生物技术在农业中的应用，如转基因技术、生物育种等，让学生了解这些技术对提高国家粮食安全和农业发展的贡献； 4. 传统医药文化：探讨中医药在生物学科中的地位和作用，让学生了解中国传统医药文化的独特价值和现代应用
物理	1. 物理学与国家建设：介绍中国物理学家在国家重大工程项目中的贡献，如高铁、航天等，激发学生对物理学的兴趣和爱国情感； 2. 物理原理与日常生活：通过生活中的物理现象，让学生理解物理学的实用性和重要性，培养他们运用物理知识解决实际问题的能力； 3. 科技创新意识：通过介绍中国在物理学领域的创新成果，如量子通信、超导技术等，培养学生的科技创新意识和探索精神； 4. 物理学与国防安全：教授物理学在国防科技中的应用，如雷达、卫星导航等，让学生认识到物理学对国家安全的重要性
政治	1. 国家意识与法治精神：通过学习国家的基本政治制度和法律，培养学生的国家意识和法治精神，理解公民的权利与义务； 2. 社会主义核心价值观：引导学生理解和践行社会主义核心价值观，培养他们成为有理想、有道德、有文化、有纪律的社会主义建设者和接班人； 3. 政治参与与社会责任：教授学生如何依法参与政治生活，培养他们的政治参与意识和社会责任感； 4. 国家发展与国际地位：介绍国家的发展成就和在国际舞台上的地位，增强学生的国家自豪感和民族自信心
历史	1. 民族历史与文化传承：通过学习中国悠久的历史，让学生了解民族的发展历程，传承和弘扬中华优秀传统文化； 2. 爱国主义与民族精神：通过对历史人物和事件的学习，培养学生的爱国主义情感和民族精神； 3. 历史教训与国家发展：分析历史事件的教训，让学生认识到国家发展的不易，增强历史责任感； 4. 多元一体的国家认同：介绍中国各民族的历史和文化，培养学生对多元一体国家的认同感
地理	1. 国土意识与地理环境：通过学习中国的地理知识，培养学生的国土意识，了解国家的自然资源和地理环境； 2. 区域发展与国家战略：介绍不同地区的经济发展和国家区域发展战略，如京津冀协同发展、长江经济带等，让学生了解国家发展的全局性； 3. 环境保护与可持续发展：教授地理知识在环境保护和可持续发展中的应用，培养学生的环保意识和可持续发展观念； 4. 国际视野与全球责任：通过学习世界地理，培养学生的国际视野，理解中国在全球环境和发展中的责任和作用

(2) 构建了"六爱"专题课程内容体系（见表4-6）。

表4-6 "六爱"专题课程内容体系

"六爱"维度	"六爱"专题课程
知党史，爱中国共产党	"四史"专题课、国防军事理论课、立德树人思政专题课、爱国主义影片欣赏课、参观红色基地等
知国防，爱军队	重走长征路研学、祭拜烈士陵园、军事定向越野训练课、无线电测向训练课、旗语操课、军事匕首操课、盾牌操、长短枪方队训练等
知成就，爱国家	走进成果展览馆、爱国家思政专题课等
习传统，爱文化	传统美术作品欣赏与创作课、传统音乐欣赏与演奏课、传统美术书法课、传统戏曲表演课、经典诗歌朗诵课、传统舞龙舞狮课等
览家乡，爱国土	走进博物馆、植物园、青少年活动基地、地方志讲座
敬榜样，爱国人	将军、英模进校园、榜样人物访谈活动等

(3) 编写了序列化的"六爱"读本。

学校对《中华人民共和国爱国主义教育法》中的爱国主义教育九个方面的内容进行"校本化"探索。一是确定主题。结合学校实际，精心凝练"爱祖国人民、爱疆域国土、爱先进文化、爱人民军队、爱富强国家、爱中国共产党"的"六爱"主题。二是编写课程。根据"六爱"主题，形成六个专题课程，依托学校编写的专题教育读本实施（见图4-5）。每一本读本的课程设计包括引入、知识、实施、评价、体会等内容，指向涵养爱国主义精神的一些关键知识，助力学生的爱国情怀培养，培养学生的道路认同、民族认同、文化认同、国家认同。

图4-5 序列化的"六爱"读本

第三节 "全景式"爱国主义教育的活动课程

一、形成"一二三"爱国主义教育活动课程育人范本

学校以"全景式"视角,促进了"一二三"活动育人范式的校本生成,形成爱国主义教育的校本活动课程。

其中,"一个融合"指的是学科教学活动的融合,挖掘学科课程中的爱国主义教育"故事"。例如,"知国防,爱军队"课程与学科课程融合,形成军事地理、军事化学、军事心理、军事文学、军事政治等章节。"览家乡,爱国土"实现生物学科与成都植物园牵手,形成生物学科中植物知识与地理知识跨学科活动的融合探究等。

"两项活动"主要是社团活动和综合实践活动。社团活动以"参加一个社团,培养一种兴趣;学会一门知识,练就一项技能;体会一个成功,享受一份快乐"为活动目标,成立了篮球、足球、合唱、创客、版画、摄影、象棋、动漫、书法等37个社团,让爱国主义教育立足于爱校活动,关注特长发展,使学生心灵更加坚强、人格更加健全、体格更加强健、素质更加全面。综合实践活动包括以下三方面。一是国防教育主题实践。学校以国防教育、军事技能比赛、夏令营活动、慰问拥军、国防游学、国防教育成果展等活动为载体,把国防活动引入爱国主义教育的具体实践活动中。二是劳动教育实践。通过校内劳动实践课、军事内务能手评比等系列活动,增强学生的劳动意识和动手能力,养成良好的劳动习惯和品质。通过校外的社区、企业等地的人物访谈、跟岗锻炼等活动,了解不同行业的职业信息,助力职业规划;通过参加成都植物园的"小小讲解员"活动,提升志愿服务意识,培育科学素养。三是假期社会实践。根据年度德育工作重点,分年级布置爱国主义假期社会实践活动。比如,"秀出自己心中最美的'天府绿'"活动,树立人与自然和谐共生意识;"童心向党"的主题绘画、书签贺卡制作、主题小报等活动,强化爱党爱国之情;观看冬奥会开、闭幕式等重大活动,感受祖国的强大,彰显文化自信;制作龙年贺卡、灯笼等,培育对优秀传统文化的热爱。

"三大节庆"是指学校举办的国防、体育、艺术等三大庆典活动,旨在增强爱国主义体验,助力系统性、多样化、有层次的爱国主义教育,促进学生对爱国主义精神的主动认识、主动提高、主动传播。一是工作序列化。每年五月的"军事文化节"、九月的"体育文化节"、十二月的"艺术文化节"已成为学校固定的庆典活动。二是内容丰富化。例如,"军事文化节"开展全校性"红色之旅"活动,涵盖军事政治、军事历史、军乐队、中国跤、柔道、棒垒球、激光射击、定向越野等特色社团成果展示。通过这些活动,让学生在实践中感悟、感知、体验军事教育,培养"小军人"素养,提升"小军人"气质。三是评价过程化。课程评价是爱国主义教育主题式德育课程建设的重要环节。学校将评价内容与课程主题和培育目标相对应，实施针对个体和集体的评价。个体评价以教师评价、学生评价和家长评价为主，将与家庭成员一起参与国防活动的情况，如寒暑假到红色基地、国防军工单位的实践等，列入成长手册，并每学期评出社会实践之星；同时，将学生在少年军校中的个人发展情况纳入综合素质评价，分出层次评出"爱校之星""爱军之星"和"爱党之星"。集体评价以爱国主义班级评价为主，建立了由基础指标、发展指标、底线指标构成的班级爱国主义教育评价标准，用班级的集体爱国主义精神去涵养每一个人。集体评价主要考察班级爱国主义教育发展中的以下方面："育人方向是否正确""班级治理是否健全""班会活动是否共情""学生发展是否明理""职业选择是否力行""意识形态是否弘文""专项活动是否重视""遵纪守法是否执行"等。评价将班主任的行为、学生的发展、教育的结果融为一体，并与先进班主任和先进班级评比挂钩，突出爱国主义教育在班级发展中的核心地位，从而促进整个学校的爱国主义教育的品质的提升。

二、实施序列化的"全过程"爱国主义教育活动课程

序列一：开展"将军、英模进校园宣讲"活动。

定期邀请将军、英雄、模范人物和专家走进校园，给师生做爱国主义宣讲，让学生了解当前世界形势，激发对英雄的崇敬之情，坚定学生立志成才、报效祖国的信念。

序列二：开展"学生干部授衔授装仪式"活动。

结合全国国防教育特色学校品牌建设，开展学生干部授衔授装仪式。通过这一活动，学生可以了解党的艰辛历程和辉煌成就，了解人民军队和现代国防的发展历程，接受红色文化的洗礼，深刻领悟红色精神，厚植爱国情怀，树立爱党报国之志。

序列三：开展"爱国主义教育影片观影"活动。

学校充分发挥优秀爱国影片的育人功能，每学期组织学生观看一次爱国主义电影。组织学生观看《建国大业》《我和我的祖国》《夺冠》《我和我的家乡》《中国医生》《中国乒乓之绝地反击》《长津湖》《我和我的父辈》等影片。通过观影、主题讨论、写影评等活动，"校本化"爱国教育要求，促进爱国教育效果的提升。

序列四：开展"爱国主义教育主题朝会"活动。

升级升旗仪式，将仪式讲话整合为朝会课程。上学期以"爱国·感悟"为目标，根据教育主题开展活动。例如，九月的主题是"爱我国防"，开展军事训练、全民国防教育日仪式、纪念九一八、庆祝国庆等活动。下学期以"爱国·奋进"为目标，制定与教育主题相匹配的活动。例如，五月的主题是"强国有我"，开展五四表彰、国防运动会、爱国主义演讲、红歌传唱等活动。学校将全年主题朝会的内容汇编成册，并评价个体与班级参与情况，形成了"朝晖"教育课程。

序列五：开展"爱国+传统节庆庆典教育"活动。

以"融视角"方式，通过"一二三"活动育人模式推进爱国主义教育的全面发展。"一个融合"指的是学科融合，挖掘学科课程中的爱国主义教育节庆"故事"，形成爱国主义教育的选修课程。"两项活动"主要是社团活动和综合实践活动。社团活动以"发展志趣专长，增强爱国本领"为目标，成立了篮球等37个社团，让爱国主义教育立足于爱校活动。综合实践活动包括以下三方面。一是国防教育主题实践。在建党节、建军节、国庆节等节日期间，把国防活动引入爱国主义教育的具体实践活动中。二是劳动教育实践。在劳动节期间，通过校内劳动实践课、军事内务能手评比等系列活动，进一步增强学生的劳动意识和动手能力，养成良好的劳动习惯和品质。三是假期社会实践。在春节期间，分年级开展爱国主义假期社会实践活动，如"童心向党"的主题绘画等活动，强化爱党爱国之情。"三大节庆"是指学校举办的国防、体育、艺术等三大传统活动。五月的"军事文化节"、九月的"体育文化节"、十二月的"艺术文化节"已成为学校传统教育活动，借此增强学生的爱国主义情感体验。

第五章 "全景式"爱国主义教育的评价体系

第一节 理论框架：构建"全景式"评价体系的逻辑起点

在深入探讨"全景式"爱国主义教育的评价体系之前，我们首先需要明确，构建一个坚实的理论框架是确保评价工作科学性与有效性的基石。这一框架不仅为评价体系提供了逻辑起点，还明确了评价的目的、原则、方法及预期目标，从而为教育实践提供了有力的理论支撑。

一、概念界定与理论基础

（一）概念界定

"全景式"爱国主义教育评价体系，作为一种创新的教育评价模式，其核心概念在于"全景式"与"爱国主义教育"的深度融合。所谓"全景式"，意味着评价应全面覆盖教育的各个维度，包括教育的目标、内容、方法、过程和成效等，形成对教育实践的全方位、多层次的审视。这种全面性不仅体现在对教育要素的全面考察，还体现为对教育过程的动态跟踪和对教育结果的深度剖析。

而爱国主义教育，则是指通过一系列精心设计的教育活动，培养学生的爱国情感、国家认同和责任感，促进其成为具有深厚爱国情怀与责任担当的公民。爱国主义教育不仅关乎学生的情感培养，更关乎其价值观的塑造和行为的引导。因此，"全景式"爱国主义教育评价体系，旨在通过多维度的视角，对爱国主义教育的各个方面进行全面、系统、动态的评价，以确保教育目标的实现和教育质量的提升。

（二）理论基础

1. 全景教育理论

该理论强调教育的整体性、连贯性和情境性，认为教育应贯穿于学生的整个学习生涯，并与社会、生活紧密相连。这一理论为"全景式"爱国主义教育评价体系的构建提供了宏观的理论依据。它要求我们在进行评价时，应超越单一维度和静态视角，关注教育的整体性和动态性。这意味着，评价不仅要考察学生的知识掌握情况，还要考察其情感、态度、价值观和行为表现等多个方面。同时，评价还应关注教育与社会、生活的联系，以确保教育评价的实用性和有效性。

2. 多元智能理论

由美国心理学家加德纳提出的多元智能理论，指出人类的智能是多元化的，包括语言智能、逻辑数学智能、空间智能、肢体动觉智能、音乐智能、人际智能和内省智能等多种类型。这一理论启示我们，在评价爱国主义教育时，应充分考虑学生的多元智能发展。每个学生都有其独特的智能优势和潜能，因此评价手段和方法也应多样化，以全面反映学生的爱国情感、认知和行为表现。例如，可以通过观察学生的言语表达、艺术创作、体育活动等多种方式，来评价其爱国情感和责任感的培养情况。

3. 发展性评价理论

该理论强调评价应关注学生的发展过程与潜能，而非仅仅关注最终结果。它倡导采用形成性评价和总结性评价相结合的方式，对学生的学习过程进行持续的监控和反馈，以促进其不断进步。在"全景式"爱国主义教育评价体系中，发展性评价理论的应用尤为重要。它要求我们不仅要评价学生的爱国情感和行为表现，还要关注其在学习过程中的成长与变化。这意味着，评价应是一个持续的过程，而非一次性的活动。定期的反馈和调整可以帮助学生更好地认识自己，明确自己的发展方向和目标。

二、评价原则与目标

（一）评价原则

1. 全面性

评价应涵盖爱国主义教育的各个方面，包括教育目标、内容、方法、过程和成效等。这要求我们在进行评价时，要全面考察教育的各个环节和要素，确保评价的全面性和完整性。同时，全面性还意味着评价应关注教育的多个维度，如学生的情感、认知、行为等，以形成对教育实践的全面认识。

2. 客观性

评价应基于事实和数据，减少主观偏见和人为因素的影响。这要求我们在进行评价时，要遵循客观、公正的原则，确保评价结果的准确性和可信度。为了实现客观性，我们可以采用多种评价手段和方法，如问卷调查、访谈、观察等，以收集全面、真实的数据和信息。同时，我们还应建立科学的评价标准和方法体系，以确保评价的科学性和规范性。

3. 发展性

评价应关注学生的成长与进步，采用动态的评价方式。这意味着评价不仅应关注学生的当前表现，还应关注其未来的发展潜力和方向。为了实现发展性，我们可以采用形成性评价和总结性评价相结合的方式，对学生的学习过程进行持续的监控和反馈。同时，我们还应根据学生的实际情况和需求，不断调整和优化评价策略和方法，以促进学生的全面发展。

4. 可操作性

评价指标应明确具体、易于操作。这要求我们在制定评价指标时，要充分考虑其可操作性和实用性。评价指标应具体、明确，能够直接反映教育的实际效果和学生的真实表现。同时，评价指标还应具有可操作性和可衡量性，便于评价者在实际工作中实施和应用。

5. 参与性

评价应鼓励师生、家长及社会各界广泛参与。这要求我们在进行评价时，要充分发挥多元评价主体的作用，形成共同参与的评价机制。通过师生、家长及社会各界的广泛参与，可以确保评价的全面性和客观性。同时，参与性还可以增强评价的透明度和公信力，提高评价的有效性和实用性。

（二）评价目标

1. 检验成效

通过评价，我们可以检验"全景式"爱国主义教育的实施效果，评估其是否实现了预期的教育目标。这有助于我们了解教育的实际效果和学生的真实表现，为后续的教育决策提供有力的依据。同时，通过检验成效，我们还可以发现教育实践中存在的问题和不足，为改进和优化教育策略提供有益的参考。

2. 发现问题

在评价过程中，我们可以及时发现教育实践中存在的问题与不足。这有助于我们及时调整和优化教育策略和方法，以提高教育的质量和效果。通过发现问题，我们还可以深入了解学生的需求和期望，为制定更加符合学生实际的教育方案提供有力的支持。

3. 促进发展

通过评价结果的反馈与利用，我们可以激发学生的爱国情感与行为表现。评价结果的反馈可以让学生更加明确自己的优点和不足，从而有针对性地改进和提高自己的表现。同时，评价结果的利用还可以为教师的教育决策提供有力的支持，帮助教师更好地了解学生的学习情况和需求，制定更加有效的教育策略和方法。

4. 提升质量

以评价为手段，我们可以推动"全景式"爱国主义教育的质量提升和内涵式发展。通过评价，我们可以深入了解教育的实际效果和学生的真实表现，为制定更加符合学生实际的教育方案提供有力的支持。同时，评价还可以促进教师的专业成长和发展，提高教师的教育素养和教学能力。通过不断提升教育的质量和内涵，我们可以为培养具有深厚爱国情怀与责任担当的新时代接班人贡献力量。

三、评价体系的具体构建

在明确了评价的原则和目标后，我们需要进一步探讨如何具体构建"全景式"爱国主义教育评价体系。这包括评价指标的确定、评价方法的选择，以及评价过程的实施等多个方面。

（一）评价指标的确定

评价指标是评价体系的核心组成部分，直接决定了评价的内容和方向。在确定评价指标时，我们应充分考虑爱国主义教育的特点和目标，以及学生的实际情况和需求。具体来说，我们可以从以下几个方面来确定评价指标：一是教育目标的达成情况，包括学生的爱国情感、国家认同和责任感的培养情况；二是教育内容的质量和适用性，包括教育内容的科学性、时代性和针对性；三是教育方法的有效性和创新性，包括教育方法的多样性、灵活性和实效性；四是教育过程的规范性和有序性，包括教育过程的组织、管理和实施情况；五是教育成效的显著性和持续性，包括教育成效的可见性、持久性和影响力。

（二）评价方法的选择

评价方法是实现评价目标的重要手段和工具。在选择评价方法时，我们应充分考虑评价指标的特点和要求，以及评价对象的实际情况和需求。具体来说，我们可以采用以下几种评价方法：一是问卷调查法，通过设计科学合理的问卷，收集学生、教师和家长对爱国主义教育的意见和建议；二是访谈法，通过与学生、教师和家长进行面对面的交流，深入了解他们对爱国主义教育的看法和感受；三是观察法，通过直接观察学生的行为表现和情感反应，评估爱国主义教育的实际效果；四是作品分析法，通过分析学生的作品和成果，了解他们的爱国情感和创造力的发展情况；五是测试法，通过设计科学合理的测试题，评估学生对爱国知识的掌握情况和认知能力的发展水平。

（三）评价过程的实施

评价过程的实施是评价体系构建的关键环节。在实施评价过程中，我们应遵循科学、规范、公正、透明的原则，确保评价的准确性和可信度。具体来说，我们可以按照以下几个步骤来实施评价过程：一是制订评价计划，明确评价的目的、原则、方法和时间表；二是收集评价信息，通过问卷调查、访谈、观察等多种方式收集学生、教师和家长对爱国主义教育的评价信息；三是分析评价信息，对收集到的评价信息进行整理、分析和归纳，形成评价报告；四是反馈评价结果，将评价结果及时反馈给相关人员和部门，以便他们及时了解教育的实际效果和学生的真实表现；五是改进和优化教育策略，根据评价结果及时调整和优化教育策略和方法，以提高教育的质量和效果。

四、评价体系的持续改进与优化

"全景式"爱国主义教育评价体系的构建是一个持续的过程，需要不断地进行改进和优化。为了实现这一目标，我们可以采取以下几种措施。

（一）建立反馈机制

建立有效的反馈机制是持续改进和优化评价体系的关键。我们可以通过定期召开评价工作会议、设立评价意见箱等方式，收集学生、教师和家长对评价体系的意见和建议。同时，我们还可以利用现代信息技术手段，如在线评价系统、社交媒体等，拓宽反馈渠道和方式，提高反馈的及时性和有效性。

（二）加强培训与交流

加强对评价人员的培训与交流是提高评价体系质量和水平的重要途径。我们可以定期组织评价人员参加培训和学习活动，提高他们的专业素养和评价能力。同时，我们还可以加强不同地区、不同学校之间的评价交流与合作，分享评价经验和做法，促进评价体系的共同发展和进步。

（三）引入第三方评价

引入第三方评价机构或专家对评价体系进行独立评价是提高评价体系客观性和公正性的有效方式。第三方评价机构或专家可以从专业的角度对评价体系进行全面、深入的分析和评估，提出改进和优化的建议。这有助于我们发现评价体系中存在的问题和不足，为后续的改进和优化提供有力的支持。

（四）注重实践探索与创新

实践探索与创新是持续改进和优化评价体系的重要动力。我们可以鼓励学校和教师在实践中不断探索新的评价方法和手段，如利用大数据、人工智能等现代信息技术手段进行智能化评价等。同时，我们还可以关注国内外教育评价领域的最新研究成果和趋势，及时将先进的评价理念和技术引入"全景式"爱国主义教育评价体系中，不断丰富和完善评价内容和方法。

（五）强化评价结果的应用

评价结果的合理应用是评价体系持续改进和优化的重要环节。我们应该将评价结果及时反馈给相关部门和人员，作为改进教育教学工作、优化教育资源配置、促进学生全面发展等决策的重要依据。同时，我们还可以通过公开评价结果，增强评价体系的透明度和公信力，促进社会各界的广泛参与和监督。

（六）建立激励与约束机制

为了保障评价体系的持续改进和优化，我们可以建立相应的激励与约束机制。对于在评价体系改进和优化中做出突出贡献的个人和单位，可以给予表彰和奖励；对于评价工作不力或存在问题的个人和单位，可以采取相应的约束措施，如通报批评、限期整改等，以确保评价体系的顺利实施和不断发展。

第二节　实施路径：多维度、多层次的评价体系构建

在成功构建了"全景式"爱国主义教育评价体系的理论框架后，我们面临的下一个重要任务是探索其实施路径。这一路径必须充分展现多维度、多层次的特点，以确保评价的全面覆盖和深度剖析。以下是对各评价维度及其具体实施策略的详细阐述。

一、评价维度的划分与实施策略

(一) 目标维度

目标维度是评价体系的核心,直接关系到"全景式"爱国主义教育的根本目的。为了全面评估教育目标的实现情况,我们需要从知识掌握、情感认同和行为实践三个层面进行深入分析。

1. 知识掌握

知识掌握是爱国主义教育的基础,它要求学生具备扎实的爱国主义相关知识。为了准确评估学生的知识掌握程度,我们可以采用多种评价方式。闭卷考试是一种传统且有效的评价方式,它能够直接检验学生对知识点的记忆和理解。此外,我们还可以利用在线测试平台,为学生提供更为灵活便捷的测试环境。问卷调查则可以从更广泛的角度了解学生对爱国主义知识的掌握情况,同时收集他们对教学内容和方法的反馈。

在实施知识掌握评价时,我们应注重评价内容的全面性和针对性。评价内容应涵盖爱国主义教育的各个方面,如历史、文化、地理、科技等,以确保学生获得全面的知识。同时,评价内容还应针对不同年龄段、不同群体的学生特点和需求进行设计,以提高评价的针对性和实效性。

2. 情感认同

情感认同是爱国主义教育的重要组成部分,它要求学生对祖国产生深厚的热爱和自豪感。为了评估学生的情感认同程度,我们可以采用观察法、情感量表测量和访谈法等多种评价方式。

观察法是指可以通过观察学生的日常行为表现,如升国旗时的态度、参与爱国主题活动的积极性等,来间接评估学生的情感认同程度。情感量表测量则是一种更为直接的评价方式,它可以通过设计一系列与爱国主义情感相关的问题,让学生根据自己的实际情况进行选择或评分。访谈法则可以深入了解学生的内心世界,通过与学生进行面对面的交流,了解他们对祖国的真实感受和看法。

在实施情感认同评价时,我们应注重评价的真实性和客观性。评价者需要保持中立和客观的态度,避免主观臆断和偏见对评价结果的影响。同时,我们还应尊重学生的个体差异和多样性,避免用统一的标准来衡量所有学生的情感认同程度。

3. 行为实践

行为实践是爱国主义教育的最终落脚点,它要求学生在实际生活中践行爱国主义精神。为了评估学生的行为实践情况,我们可以采用观察法、实践报告和志愿服务记录等

爱国心，青春梦
——新时代"全景式"爱国主义教育探索与实践

多种评价方式。

观察法可以通过观察学生在校园内外的行为表现，如是否积极参与志愿服务活动、是否遵守社会公德等，来评估学生的行为实践情况。实践报告则要求学生将自己的实践经历以书面形式呈现出来，以便评价者对其行为实践进行更为深入的分析和评估。志愿服务记录则可以作为评价学生行为实践的重要依据，通过记录学生参与的志愿服务活动和时间，来评估其践行爱国主义精神的程度和效果。

在实施行为实践评价时，我们应注重评价的全面性和连续性。评价者需要关注学生的整个实践过程，而不仅仅是实践结果。同时，我们还应鼓励学生积极参与各种形式的爱国主义实践活动，以提高他们的实践能力和社会责任感。

（二）内容维度

内容维度是评价"全景式"爱国主义教育的重要组成部分，它关注教育内容的科学性、合理性和全面性。为了确保教育内容的优质和有效，我们需要从内容的丰富性、时代性和针对性三个方面进行深入分析。

1. 丰富性

丰富性要求爱国主义教育内容涵盖多个领域和方面，以确保学生获得全面的知识。为了实现这一目标，我们可以采用多种评价方式。首先，我们可以对教材进行内容分析，评估其是否涵盖了爱国主义教育的各个方面。其次，我们可以通过问卷调查或访谈等方式，收集学生对教育内容的反馈意见，以了解他们对教育内容的满意度和需求。最后，我们还可以邀请专家对教育内容进行评审和鉴定，以确保其科学性和合理性。

在实施内容丰富性评价时，我们应注重评价的全面性和多样性。评价者需要关注教育内容的各个方面和领域，避免遗漏或偏重某些方面。同时，我们还应鼓励学生积极参与教育内容的选择和设计，以提高他们的学习兴趣和积极性。

2. 时代性

时代性要求爱国主义教育内容与时代发展相契合，融入最新的国家发展成就和时代精神。为了评估教育内容的时代性，我们可以采用以下几种评价方式。首先，我们可以对教材进行更新频率的评估，了解其是否及时反映了国家发展的新成就和时代精神。其次，我们可以通过问卷调查或访谈等方式，收集学生对教育内容与时代关联度的看法和意见。最后，我们还可以邀请专家对教育内容进行评审，以确保其与时俱进，符合时代要求。

在实施时代性评价时，我们应注重评价的时效性和前瞻性。评价者需要关注国家发展的新动态和时代精神的新变化，及时调整和更新教育内容。同时，我们还应鼓励学生关注国家大事和时事政治，以提高他们的时代责任感和使命感。

3. 针对性

针对性要求爱国主义教育内容根据不同年龄段、不同群体的学生特点和需求进行设计，以确保教育的针对性和实效性。为了实现这一目标，我们可以采用以下几种评价方式。首先，我们可以对教材进行适应性评估，了解其是否符合不同年龄段、不同群体的学生特点和需求。其次，我们可以通过问卷调查或访谈等方式，收集学生对教育内容的针对性和实效性的反馈意见。最后，我们还可以邀请教育专家、心理学家等专业人士对教育内容进行针对性评审并提出优化建议。

在实施针对性评价时，我们应注重评价的个性化和差异化。评价者需要关注学生的个体差异和多样性，避免用统一的标准来衡量所有学生的需求和特点。同时，我们还应鼓励学生根据自己的兴趣和需求选择适合自己的教育内容和学习方式。

（三）方法维度

方法维度是评价"全景式"爱国主义教育实施效果的重要方面，它关注教育方法的创新性、互动性和实践性。为了提高教育方法的针对性和实效性，我们需要从以下三个方面进行深入分析和评价。

1. 创新性

创新性要求教育方法新颖独特，能够激发学生的学习兴趣和积极性。为了评估教育方法的创新性，我们可以采用课堂观察、学生反馈和教学效果评估等方式。课堂观察可以了解教师在课堂上采用的新颖教学方法和手段，以及学生的反应和参与度。可以通过问卷调查或访谈等方式收集学生反馈，了解学生对教育方法的满意度和改进建议。教学效果评估则可以通过对比实验或实验设计等方式进行，以评估新方法相对于传统方法在提高学生学习效果方面的优势。

在实施创新性评价时，我们应注重评价的开放性和包容性。评价者需要保持开放的心态，鼓励教师尝试新的教学方法和手段。同时，我们还应尊重教师的创新精神和努力，给予他们充分的支持和肯定。

2. 互动性

互动性要求教育过程中师生、生生之间形成良好的互动氛围和合作机制。为了评估教育方法的互动性，我们可以采用课堂观察、师生互动记录和学生合作作品评价等方式。通过课堂观察可以了解教师在课堂上如何引导学生参与讨论、合作解决问题等。师生互动记录可以记录师生之间的交流和反馈情况，以评估互动的质量和效果。学生合作作品评价则可以通过对学生共同完成的作品进行评分或点评等方式进行，以评估学生在合作过程中的表现和成果。

在实施互动性评价时，我们应注重评价的平等性和尊重性。评价者需要尊重每个学生的个性和差异，鼓励他们积极参与互动环节。同时，我们还应关注师生互动的平等性和尊重性，避免教师过度主导或忽视学生的声音。

3. 实践性

实践性要求教育方法注重实践环节的设置和实施，以确保学生在实践中获得深刻的爱国主义体验。为了评估教育方法的实践性，我们可以采用实践活动参与度评价、实践成果展示和实践能力测试等方式。实践活动参与度评价可以通过记录学生参与实践活动的次数、时间和投入程度等方式进行。实践成果展示则可以要求学生将自己的实践成果以报告、展览或表演等形式呈现出来，以便评价者对其进行评估。实践能力测试则可以通过设计一系列与实践相关的任务或问题，让学生在实际操作中展示自己的实践能力。

在实施实践性评价时，我们应注重评价的实用性和可操作性。评价者需要关注实践活动的实际效果和学生的实践能力提升情况。同时，我们还应鼓励学生积极参与各种形式的实践活动，以提高他们的实践能力和社会责任感。

（四）过程维度

过程维度是评价"全景式"爱国主义教育实施过程的重要方面，它关注教育过程的规范有序、高效顺畅。为了确保教育过程的顺利进行和有效实施，我们需要从教学准备、课堂管理和课后反馈三个方面进行深入分析和评价。

1. 教学准备

教学准备是教育过程的基础和前提，它要求教师充分备课、设计教案并准备教学资源。为了评估教学准备的情况，我们可以采用教案检查、教学资源评估和教师课前准备情况调查等方式。通过教案检查可以了解教师的教学设计和思路是否清晰、合理。教学资源评估则可以评估教师准备的教学资源是否丰富、适用和有效。教师课前准备情况调查则可以通过问卷调查或访谈等方式进行，以了解教师在课前是否进行了充分的准备和预设。

在实施教学准备评价时，我们应注重评价的规范性和指导性。评价者需要按照一定的标准和要求对教师的教学准备进行评估和指导。同时，我们还应鼓励教师之间互相交流和分享教学经验，以提高整体的教学水平。

2. 课堂管理

课堂管理是教育过程的关键环节，它要求教师能够有效掌控课堂节奏和氛围，确保教学活动的顺利进行。为了评估课堂管理的情况，我们可以采用课堂观察、学生反馈和教师自评等方式。课堂观察可以了解教师在课堂上的管理能力和调控能力，以及学生的参与度和课堂氛围。学生反馈则可以通过问卷调查或访谈等方式进行，了解学生对课堂管理的满意度和改进建议。教师自评则可以要求教师对自己的课堂管理进行反思和总结,以找出存在的问题和不足。

在实施课堂管理评价时,我们应注重评价的客观性和公正性。评价者需要保持客观的态度,避免主观臆断和偏见对评价结果的影响。同时,我们还应鼓励教师积极参与课堂管理评价,以提高他们的自我认知和改进意识。

3. 课后反馈

课后反馈是教育过程的重要环节之一,它要求教师及时收集并处理学生的反馈意见,以调整和优化教学策略。为了评估课后反馈的情况,我们可以采用学生作业分析、学生意见收集和课后访谈等方式。分析学生作业可以了解学生对课堂内容的掌握情况和存在的问题。学生意见收集则可以通过问卷调查或访谈等方式进行,以了解学生对教学内容、方法和效果的看法和建议。课后访谈则可以通过与教师进行面对面的交流,深入探讨教学过程中的具体问题、难点,以及可能的改进方案。这种方式能够直接获取教师的第一手反馈,帮助教师更全面地了解教学实际效果,同时也为教师提供了一个表达自己教学思路和困惑的平台。

在收集和处理课后反馈时,教师需要保持开放和接纳的态度,认真倾听学生的声音,尊重他们的意见和建议。同时,教师还应具备敏锐的分析能力,能够从学生的反馈中提炼出有价值的信息,用于指导改进后续的教学。

此外,为了确保课后反馈的有效性,学校和教育管理部门也应建立相应的机制,如定期召开教学研讨会、组织教师培训、提供教学支持资源等,为教师提供一个良好的教学环境,激励他们不断追求教学卓越。

(五)成效维度

成效维度是衡量"全景式"爱国主义教育实施效果的关键环节,它着重考察该教育模式在实际应用中所产生的积极变化和长远影响。以下是对成效维度的详细阐述。

1. 学生满意度

评价方式:采用问卷调查、座谈会或小组讨论等形式,全面收集学生对"全景式"爱国主义教育的直接感受和满意度评价。

评价内容:关注学生对教学内容、教学方法、教学氛围以及个人收获等方面的评价,以了解学生在接受爱国主义教育过程中的体验和成效。

2. 家长反馈

评价方式:通过家长问卷、访谈或家长会等形式,积极收集家长对孩子在接受"全景式"爱国主义教育后行为变化、思想成长和学业进步等方面的反馈。

3. 评价意义

家长的反馈不仅有助于了解家庭教育与学校教育的衔接情况，还能为进一步优化教育模式提供宝贵意见。

4. 社会影响力

评估指标：包括媒体报道的频次和深度、社会公众对"全景式"爱国主义教育的认知度和认可度，以及该教育模式在推动社会正能量传播、增强民族凝聚力等方面的作用。

5. 评估方法

通过媒体监测、社会调查、网络舆情分析等手段，综合评估"全景式"爱国主义教育在社会上的影响力和传播效果。

二、评价具体路径

（一）集体评价

以集体评价促进爱国主义教育的全员实施。学校根据《新时代爱国主义教育实施纲要》和《中华人民共和国爱国主义教育法》的要求，结合学校的爱国主义教育活动情况，在实施层面制定了"班级爱国主义教育效果综合评价标准"（见表5-1），并对爱国主义教育效果进行综合评价。

表5-1 班级爱国主义教育效果综合评价标准

一级指标	二级指标	评价内容
基础指标	育人方向是否正确	班主任高举爱国主义教育的旗帜，将爱国主义、党的领导、社会主义核心价值观等教育融入自己的育人实践
	班级治理是否健全	班主任的班级管理机制顺畅，选用的班级学生干部能力出众，在爱国主义教育活动中能充分发挥自我管理作用
	班会活动是否共情	班会课能增强学生情感体验，实现情感共鸣，实现对中国特色社会主义道路的思想认同、情感认同、理论认同，并能涵养积极进取、开放包容、理性平和的心态
发展指标	学生发展是否明理	深刻认识爱国主义的精神实质和丰富内涵，在课程内容中发现爱国内涵，并将爱国、爱校、爱人高度统一
	职业选择是否力行	将爱国精神转化为强国报国的自觉行动，并把个人的"小我"融入祖国的"大我"、人民的"大我"之中

续表

一级指标	二级指标	评价内容
底线指标	意识形态是否筑牢	氛围营造和文化浸润突出爱国主义,在以文化人、以文育人中传承和弘扬中华优秀传统文化、革命文化、社会主义先进文化
	专项活动是否重视	在班级负责的专项、大型活动中能够正确按照流程实施,未出现低级失误或负面的举止言行
	遵纪守法是否执行	学生经过爱国主义教育后,能遵守国家法令和学校规章制度,能成为法律制度的学习者、执行者和宣传者

这三个指标分别指向班主任行为、学生发展和教育结果。在操作上,教师可从以下几方面展开：建立班级爱国主义教育档案；每学期评定一次；注重多元评价（自评与他评结合）；赋予增值性评价（两期对比结果）；将评价效果运用到先进班主任和先进班级的评比中,突出爱国主义教育在班级发展中的核心地位作用。

（二）五育评价

完善"全景式"爱国主义教育的五育评价。"全景式"爱国主义教育的评价,不仅仅体现在评价范围层面,更体现在内容方面,由此,学校实施了爱国主义教育在五育发展维度方面的评价。

1. 品德发展水平

（1）理想信念。坚持以习近平新时代中国特色社会主义思想为指导,全面贯彻《新时代爱国主义教育实施纲要》和《中华人民共和国爱国主义教育法》,深入开展以党史学习教育为重点的"五史"教育,着力构建立德树人的"全景式"爱国主义教育模式,强化学生政治认同,引导学生增强"四个意识"、坚定"四个自信"、做到"两个维护"、深刻领悟"两个确立"的决定性意义,切实增强学生做中国人的志气、骨气、底气,培养学生扎根中国大地、放眼全球的"中国心",厚植学生"爱祖国、爱家乡、爱金牛"的家国情怀,自觉把爱国情、强国志、报国行融入日常学习生活之中,努力成为新时代有理想、有本领、有担当的高素质劳动者。理想信念量化表如表5-2所示。

表5-2 品德发展水平——理想信念量化表

学期	五星标兵（≥90分）	四星标兵（≥85分）	三星标兵（≥80分）
第一学期末	60%	25%	15%
第二学期末	70%	20%	10%
第三学期末	80%	15%	5%
第四学期末	85%	10%	5%
第五学期末	90%	5%	5%

爱国心，青春梦
——新时代"全景式"爱国主义教育探索与实践

续表

学期	五星标兵（≥90分）	四星标兵（≥85分）	三星标兵（≥80分）
第六学期末	95%	5%	0

备注：关于学生理想信念的评价标准，主要基于立德树人的根本要求，以《中小学生守则》《中学生日常行为规范》的具体规定为考核细则，每项细则赋值2分。根据学生学期末考核得分情况，赋予学生标兵等级。

（2）行为习惯。围绕落实立德树人根本任务，全面贯彻《新时代公民道德建设实施纲要》，严格落实《中小学生守则》《中学生日常行为规范》共49条的具体规定，常态化考核学生遵守《成都市第三十六中学校学生安全规范》《成都市第三十六中学校学生校园文明礼仪规范》《成都市第三十六中学校学生学习生活常规》共177条的具体情况。每学期根据考核结果，以年级为单位，评选出不同级别的行为规范标兵。评价办法如下："五星行为规范标兵"，能达到全部226条规定；"四星行为规范标兵"，能达到200条以上规定；"三星行为规范标兵"，能达到180条规定；一学期进步10条以上的学生，颁发"行为习惯进步奖"。行为习惯量化表如表5-3所示。

表5-3 品德发展水平——行为习惯量化表

学期	五星标兵（≥90分）	四星标兵（≥85分）	三星标兵（≥80分）	行为习惯进步奖
第一学期末	75%	15%	10%	25%
第二学期末	80%	15%	5%	20%
第三学期末	85%	10%	5%	15%
第四学期末	90%	8%	2%	10%
第五学期末	95%	5%	0%	5%
第六学期末	97%	3%	0	3%

（3）公民素养。按照立德树人的根本要求，全面贯彻《新时代公民道德建设实施纲要》，以实施《中小学生守则》《中学生日常行为规范》《成都市第三十六中学校学生校园文明礼仪规范》等学生日常行为规范为载体，强化学生正确的价值取向，着力加强学生个人品德、家庭美德、社会公德、职业道德建设，立根塑魂、正本清源，传承中华民族传统美德，弘扬民族精神和时代精神，维护国家利益和安全，增强民族气节，以主流价值践行道德规范、强化道德认同、指引道德实践，引导学生明大德、守公德、严私德，形成健全的道德认知和道德情感，发展良好的道德行为，不断提升学生的公民素养，不断完善学生的人格品质。公民素养量化表如表5-4所示。

表 5-4　品德发展水平——公民素养量化表

阶段	优秀	良好	合格	不合格
起始年级末	≥60%	≥20%	≥10%	≤10%
中间年级末	≥75%	≥15%	≥5%	≤5%
毕业年级末	≥90%	≥5%	≥5%	0

（4）社会责任。围绕落实立德树人根本任务，以实施《中小学生守则》《中学生日常行为规范》《成都市第三十六中学校学生校园文明礼仪规范》等学生日常行为规范为载体，培养学生责任意识，使其具备承担责任的认知、态度和情感，并能转化为实际行动，提升对自己、家庭、集体、社会、国家和人类的责任感，增强担当精神和参与能力。增强学生主人翁意识，使其对自己负责、关心集体、关心社会、关心国家，具备国家利益高于一切的观念。培养学生担当精神，使其具有为人民服务的奉献精神，积极参与志愿者活动、社区服务活动，热爱自然，践行绿色生活方式。使学生能够有序参与各类活动，具有民主与法治意识，守规矩，重程序，能够依规依法参与公共事务，根据规则参与校园生活的民主实践。社会责任量化表如表 5-5 所示。

表 5-5　品德发展水平——社会责任量化表

阶段	优秀	良好	合格	不合格
起始年级末	≥60%	≥20%	≥10%	≤10%
中间年级末	≥75%	≥15%	≥5%	≤5%
毕业年级末	≥90%	≥5%	≥5%	0

2. 学业发展水平

依据教育部教育质量评价指南的指标框架，学业发展水平重在对学生学习态度、习惯方面的评价。每学期通过学生自主评价与教师双向评价，对学生作业完成情况进行评选，选出"学习进步星"。学业发展水平进步星量化表如表 5-6 所示。

表 5-6　学业发展水平进步星量化表

阶段	完成率100%	完成率≥80%	完成率≥60%
起始年级	85%	90%	95%
中间年级	90%	95%	100%
毕业年级	95%	98%	100%

每学期通过学生自主评价与教师双向评价，对学生作业完成情况进行评价，选出"学习潜力星"。学业发展水平潜力星量化表如表 5-7 所示。

表 5-7 学业发展水平潜力星量化表

阶段	优秀	合格（完成 80%）	不合格
起始年级	≥60%	≥30%	≤10%
中间年级	≥80%	≥15%	≤5%
毕业年级	≥95%	≥5%	0

3. 身心发展水平

（1）体育与健康课程。树牢"健康第一"教育理念，学校严格落实国家体育与健康课程刚性要求，开齐开足体育与健康课程。聚焦"教会、勤练、常赛"，逐步完善"健康知识＋基本运动技能＋专项运动技能"体育教学模式，形成"兴趣＋普及＋提高"的体育竞赛体系，让每位学生至少掌握2项运动技能。健全体质健康管理评价考核体系，完善中小学生视力保护、手机管理、睡眠状况监测机制，严格控制学生肥胖率。强化学生心理关护，健全校园心理"预防、预警、危机干预"机制。配齐配强专兼职心理教师，每学期开展1次学生心理健康状况测评，建立心理健康重点人群台账，对有严重心理疾病或心理危机的学生畅通转介诊疗通道。

（2）体育与健康目标：学生养成自觉参加体育锻炼的习惯。各年级末的体质健康监测中，学生达标比例不低于85%；至少能长期坚持进行一项体育运动，至少爱好两项体育运动的学生占比不低于90%，体育课和大课间的出勤率不低于98%；生活方式健康，每天睡眠时间在8小时以上。培养健全人格，达成身心健康的目标，习惯于通过体育运动调节情绪，养成良好的人际沟通能力。各年级学生运动技能测试应可达到等级标准。运动发展水平量化表如表5-8所示。

表 5-8 运动发展水平量化表

阶段	学生	优秀	良好	合格
起始年级	男生	≥65%	≥80%	≥95%
	女生	≥60%	≥75%	≥90%
中间年级	男生	≥75%	≥85%	≥95%
	女生	≥70%	≥80%	≥90%
毕业年级	男生	≥85%	≥95%	100%
	女生	≥80%	≥90%	≥95%

（3）健全人格目标：合群利他、诚实守信、探索创新、自主进取、计划有序、自我控制、责任心、积极乐观、善于交际、情绪稳定。各年级发展目标：起始年级末≥65%；中间年级末≥80%；毕业年级末≥95%。心理发展水平量化表如表5-9所示。

表 5-9　心理发展水平量化表

学业评价	班主任和科任教师对学习态度和方法的综合评价为"良好"以上
	学业课程平均分≥70 分
综合评价	中小学生心理健康测试（MHT）得分≤65
	综合素质评价 B 等及以上
	在班级中负责某一事务
	期末班级同学评价中能得到 70 以上的平均分
	符合"成都市第三十六中学校好学生"标准

4. 美育——学生兴趣特长养成水平

（1）深化美育。强化美育功能，逐步完善"基础知识＋基本技能＋审美体验＋专项特长"的艺术教学模式，帮助学生掌握 1～2 项艺术特长，提高学生审美能力和艺术素养。严格落实美育课程刚性要求，开齐开足美育课程，配齐配好美育师资。开展以美育为主题的跨学科教育教学和课外校外实践活动，建立常态化师生全员艺术展演机制，搭建"大舞台＋微场景"师生开放性展示平台，创新"普及＋专项"艺术技能展示，形成成都市第三十六中学校美育特色。推进美育评价改革，优化学生艺术素质测评机制和方式。

（2）评价标准。总得分在 90 分及其以上，可评为学校"美育五星好学生"；总得分在 80～89 分，可评为学校"美育四星好学生"；总得分在 70～79 分，可评为学校"美育三星好学生"；总得分在 60～69 分，可评为学校"美育二星好学生"；总得分在 60 分以下，提出限期整改措施。成都市第三十六中学校学生美育发展水平量化表，如表 5-10 所示。

表 5-10　美育发展水平量化表

年级	五星	四星	三星	二星	60 分以下
七年级	≥60%	≥70%	≥75%	≥80%	≤20%
八年级	≥70%	≥75%	≥80%	≥85%	≤15%
九年级	≥75%	≥80%	≥85%	≥90%	≤10%

5. 劳动为本——学生劳动习惯技能标准

（1）夯实劳动教育。明确不同学段、不同年级劳动教育的目标要求，健全"基础＋特色"劳动教育课程体系，保障"课内＋课外"劳动实践时间。制定《成都市第三十六中学校劳动清单（试行）》，开发劳动教育校本课程，保障劳动教育课每周不少于 1 课时。加强家庭劳动教育指导，利用好校内校外劳动实践基地，打造"专职＋兼职＋聘

爱国心，青春梦
——新时代"全景式"爱国主义教育探索与实践

用"劳动教育教师队伍，丰富校园劳动、校外活动、社区志愿服务和社会公益劳动的途径和形式。优化劳动教育评价机制，强化动手能力、合作能力、创新能力的培养，引导学生知行合一，用双手点亮未来。

（2）劳动育人目标。总体育人目标是培养适应新时代发展需要的有理想、有本领、有担当的高素质劳动者，要求全体学生增强热爱劳动的观念、养成自觉劳动的习惯、积极参加劳动实践、提高基本劳动技能。简言之，让学生爱劳动、会劳动、能劳动，形成成都市第三十六中学校劳动习惯技能培养目标。劳动之星发展水平量化表，如表5-11所示。

表5-11 劳动之星发展水平量化表

阶段	五星（≥90分）	四星（≥80分）	三星（≥70分）	二星（≥60分）	60分以下
起始年级	≥15%	≥35%	≥20%	≥10%	≤20%
中间年级	≥20%	≥40%	≥15%	≥10%	≤15%
毕业年级	≥25%	≥45%	≥10%	≥10%	≤10%

（3）具体评价指标。成都市第三十六中学校优化劳动教育评价机制，强化学生动手能力和实践能力培养。劳动之星评价内容量化表如下（见表5-12）。

表5-12 劳动之星评价内容量化表

项目	主要行为表现评价指标（15项）	实证材料
爱劳动	1. 认可"劳动光荣"，热爱劳动和劳动人民； 2. 珍惜劳动成果，积极支持并践行光盘行动，主动节约水、电等资源，无被点名批评等情况，积极参与各项活动，并力争获奖； 3. 作业完成情况在教师、小组评价中良好率不低于80%； 4. 居家劳动参与率、完成率达100%； 5. 认真上好每周一节劳动技术课，积极参与劳动实践	1. 爱劳动手抄报或劳动心得； 2. 假期家校联系本； 3. 实践活动记录及有关证明材料； 4. 各种竞赛奖状、成果； 5. 创客活动有关成果
能劳动	1. 能种植一至二种植物； 2. 能自主整理生活学习环境，做到整洁有序； 3. 每学年至少办一张与劳动教育有关的手抄报或撰写一篇800字以上的劳动心得； 4. 能主动参与一些社会公益劳动或各种志愿者服务，每学期至少参加一次工厂、农村、街道、社区的社会劳动或服务，每学年不低于20学时； 5. 掌握必要的其他独立生活技能技巧	
劳动习惯	1. 每天出门前整理好个人卫生、衣着仪表，不落下必要的学习用品； 2. 自己的事自己做，如整理资料、清洗衣物、收拾房间等； 3. 居家时坚持做扫地、拖地、清理餐具等常见家务活； 4. 长期主动积极完成好卫生扫除和值日每周等校内劳动任务； 5. 根据班级安排，圆满完成午餐服务等自主服务工作	

三、评价方法的运用

在明确了评价维度之后，我们需要选择合适的评价方法来进行具体操作。以下是一些常用的评价方法及其在"全景式"爱国主义教育评价体系中的应用。

量化评价与质性评价相结合：量化评价通过数据收集和统计分析来评估教育效果，具有客观性和可比较性；而质性评价则通过深入观察、访谈和文本分析等方式来揭示教育现象的本质和意义。在"全景式"爱国主义教育评价体系中，我们可以将两者相结合，既关注数据的量化分析，又注重现象的深入剖析。

自我评价与他评相结合：自我评价是教师和学生根据自身的体验和感受对教育效果进行评价的一种方式；而他评则是通过第三方（如同事、家长、专家等）的视角来评估教育效果。在"全景式"爱国主义教育评价体系中，我们可以鼓励师生进行自我反思和评价，同时引入同行评价、家长评价和社会评价等多元评价主体，以形成更加全面和客观的评价结果。

过程评价与结果评价并重：过程评价关注教育过程中的各个环节和细节，旨在发现问题并及时调整教学策略；而结果评价则关注教育目标的达成情况和最终成效。在"全景式"爱国主义教育评价体系中，我们应同时关注过程评价和结果评价，既关注教育过程中的成长与变化，又关注最终的教育成效和影响力。

学校主要通过实施爱国主义教育的评价，以此为导向，以数据为反馈，改进或验证学校爱国主义教育的方法和假设，从而推进爱国主义教育的经验或主张的不断调适。学校的爱国主义教育需要紧跟国家教育综合评价改革的步伐，通过班级爱国主义教育的综合评价，发挥评价的诊断、引领、促进作用，助力爱国主义教育的效果提升。

第三节 具体指标：细化评价标准与操作指南

在"全景式"爱国主义教育的成效维度中，为了更加精准地衡量其实施效果，我们需要建立一套细化的评价标准和操作指南。这些标准和指南将围绕学生满意度、家长反馈和社会影响力三个核心方面展开，旨在通过具体、可操作的指标，全面、客观地评估"全景式"爱国主义教育的实际效果。

一、学生满意度

学生满意度是衡量"全景式"爱国主义教育效果的重要指标之一。为了准确反映学生的真实感受，我们需要设计一套科学、合理的问卷和评价标准。

(一)问卷设计

1. 基本信息

包括学生的年级、性别、年龄等基本信息,以便于后续的数据分析。

2. 教学内容评价

(1) 丰富性:评估教学内容是否涵盖了历史、文化、地理、政治等多个方面,是否能够满足学生对爱国主义教育的多元化需求。

(2) 时代性:考察教学内容是否与当前社会热点、国家发展紧密结合,是否能够引导学生关注国家大事,增强时代责任感。

3. 教学方法评价

(1) 互动性:评估教学过程中是否注重师生互动、生生互动,是否能够激发学生的学习兴趣和积极性。

(2) 实践性:考察是否通过组织实践活动、参观访问等方式,让学生在实践中感受和理解爱国主义精神。

4. 教学氛围评价

(1) 和谐性:评估课堂氛围是否和谐、民主,是否有利于学生的自由表达和思维拓展。

(2) 激励性:考察教师是否善于运用表扬、鼓励等手段,激发学生的学习兴趣和自信心。

5. 个人收获评价

(1) 知识增长:评估学生在接受爱国主义教育后,是否对相关知识和信息有了更深入的了解和掌握。

(2) 情感升华:考察学生是否对国家和民族产生了更强烈的认同感和自豪感,是否形成了积极向上的价值观。

(二)评价标准与操作指南

1. 问卷发放与回收

时间节点:选择在教学周期结束后的两周内进行问卷发放,以确保学生能够充分回顾和总结学习经历。

样本选择:采用随机抽样的方式,确保样本具有代表性和广泛性。样本量建议不少于学生总数的 30%。

2. 数据分析

量化分析：对问卷中的选择题部分进行量化分析，统计各选项的选择比例和平均分。

质性分析：对问卷中的开放题部分进行质性分析，提炼出学生的主要观点和建议。

3. 结果反馈

汇总报告：将分析结果汇总成报告，包括各项指标的得分情况、存在的问题以及改进建议等。

反馈机制：建立反馈机制，将报告及时反馈给教师和学生，鼓励他们积极参与讨论和改进。

二、家长反馈

家长反馈是了解"全景式"爱国主义教育在家庭教育中延伸效果的重要途径。为了全面收集家长的意见和建议，我们需要设计一套针对家长的问卷和评价标准。

（一）问卷设计

1. 基本信息

包括家长的性别、年龄、职业等基本信息，以便于后续的数据分析。

2. 孩子变化评价

评估孩子在接受爱国主义教育后的全面变化。在情感态度上，孩子是否变得更加热爱祖国，对国旗、国歌等国家象征表现出更深的敬意，并对国家大事表现出更多的关心和兴趣；在行为习惯上，孩子是否更加注重个人卫生、公共秩序，更加遵守学校规章制度，展现出更强的责任感和自律性；在社会交往方面，孩子是否变得更加主动、友好，愿意与他人分享爱国情感和知识，并在团队活动中展现出合作精神和领导能力。

3. 行为表现

评估孩子在接受爱国主义教育后，是否在日常生活中表现出了更加积极、向上的行为特征，如更加热爱劳动、乐于助人等。

4. 思想认知

考察孩子是否对国家和民族有了更深入的了解和认识，是否形成了正确的价值观和世界观。

5. 家庭氛围评价

（1）亲子关系：评估家庭氛围是否因爱国主义教育而变得更加和谐、民主，是否有利于家庭成员之间的交流和沟通。

（2）共同学习：考察家长是否与孩子共同参与了爱国主义教育活动，是否形成了良好的共同学习氛围。

6. 家校合作评价

（1）家校互动：评估学校与家庭之间的互动是否频繁、有效，是否建立了良好的家校合作机制。

（2）信息沟通：考察学校是否及时向家长反馈孩子的学习情况和成长变化，家长是否对学校的工作表示满意和支持。

7. 改进建议

（1）内容建议：邀请家长提出对爱国主义教育内容的改进建议，如增加哪些方面的内容、减少哪些方面的内容等。

（2）方法建议：了解家长对爱国主义教育方法的看法和建议，如采用哪些方式更能激发孩子的学习兴趣等。

（二）评价标准与操作指南

1. 问卷发放与回收

（1）时间节点：选择在教学周期结束后的一个月内进行问卷发放，以确保家长有足够的时间观察和评估孩子的变化。

（2）样本选择：采用随机抽样的方式，确保样本具有代表性和广泛性。样本量建议不少于学生总数的30%。

2. 数据分析

（1）量化分析：对问卷中的选择题部分进行量化分析，统计各选项的选择比例和平均分。

（2）质性分析：对问卷中的开放题部分进行质性分析，提炼出家长的主要观点和建议。

3. 结果反馈

（1）汇总报告：将分析结果汇总成报告，包括各项指标的得分情况、存在的问题以及改进建议等。

(2) 反馈机制：建立反馈机制，将报告及时反馈给学校和家长委员会，鼓励他们积极参与讨论和改进。

三、社会影响力

社会影响力是衡量"全景式"爱国主义教育效果的重要指标之一。为了全面评估其在社会上的知名度和影响力，我们需要建立一套综合的评价标准和操作指南。

（一）评价指标

1. 媒体报道情况

(1) 报道频次：统计媒体对"全景式"爱国主义教育的报道频次，包括新闻报道、专题报道、人物专访等。

(2) 报道质量：评估报道内容的深度和广度，以及报道的覆盖面和影响力。

2. 社会认可度

(1) 公众评价：通过社会调查、网络舆情分析等手段，了解公众对"全景式"爱国主义教育的认知度和认可度。

(2) 专家评价：邀请教育专家、学者对"全景式"爱国主义教育的理念、实践效果等方面进行评价。

3. 社会效应

(1) 文化传播：评估"全景式"爱国主义教育在推动中华优秀传统文化、革命文化和社会主义先进文化传播方面的作用。

(2) 价值引领：考察该教育模式在引导学生树立正确价值观、人生观和世界观方面的作用，以及其在增强民族凝聚力、推动社会和谐稳定方面的贡献。

（二）操作指南

1. 媒体监测

(1) 建立监测机制：建立专门的媒体监测机制，定期收集和分析媒体对"全景式"爱国主义教育的报道情况。

(2) 数据分析：对收集到的媒体数据进行量化分析，统计报道频次、报道质量等指标，并制作相应的图表和报告。

2. 社会调查

（1）设计问卷：设计一套科学、合理的问卷，包括公众对"全景式"爱国主义教育的认知度、认可度、参与意愿等方面的内容。

（2）样本选择：采用随机抽样的方式，确保样本具有代表性和广泛性。样本量建议不少于1000份。

（3）数据分析：对收集到的问卷数据进行量化分析，统计各选项的选择比例和平均分，并制作相应的图表和报告。

3. 网络舆情分析

（1）数据收集：利用网络舆情分析工具，收集网络上关于"全景式"爱国主义教育的相关言论和观点。

（2）情感分析：对收集到的网络言论进行情感分析，了解公众对该教育模式的情感态度。

（3）趋势预测：根据网络舆情的发展趋势，预测"全景式"爱国主义教育的未来走向和潜在问题。

4. 专家评价

（1）邀请专家：邀请教育专家、学者对"全景式"爱国主义教育的理念、实践效果等方面进行评价。

（2）组织研讨会：定期组织研讨会或座谈会，邀请专家、学者、教育工作者等共同探讨该教育模式的优缺点和改进方向。

5. 综合评估

（1）建立评估模型：根据媒体监测、社会调查、网络舆情分析和专家评价的结果，建立综合评估模型，对"全景式"爱国主义教育的社会影响力进行量化评估。

（2）发布报告：将评估结果汇总成报告，包括各项指标的得分情况、存在的问题以及改进建议等，并向社会公开发布。

第六章 "全景式"爱国主义教育的实践成效

第一节 学生层面"全景式"爱国主义教育的实践成效

针对过去的爱国主义教育普遍存在的学生学习被动、学业负担沉重、能力得不到发展等问题，我们通过"全景式"渗透，将爱国主义教育融入学生的德行培养、体魄训练、智力发展、能力提升中，取得了很好的成效。2024年2月，我们对学校全体学生开展了问卷调查，在回收的486份有效答卷中发现，爱国主义教育在全学科均有渗透、爱国主义教育的全员参与率提高、爱国主义教育的差异性内容与评价机制更加完善。

一、德行在"全景式"爱国主义教育中落地生根

我们将培养学生的德行放在首位，通过"爱国修德"课程，培养"立志成才，报效祖国"的时代学子。一直以来，学校每年都会组织学生开展不同形式的"四史"教育、思想政治专题课、爱国主义研学活动。学校已成立了十届学生团校、五届青年业余党校、三届爱国爱党家长学校，通过开展各种形式的学习和研学活动，让德行在"全景式"爱国主义教育中落地生根。2020年以来，学校探究了多个以"立德树人"为专题的思政课题，组织了多个中学政治学科"全景式"爱国主义课例研究活动，这些课题和专题活动，激发了学生爱国主义的情怀。活动中，同学们表示要坚定理想信念，弘扬艰苦奋斗、百折不挠、自强不息的民族精神，做富有风采的新一代年轻人。这些课程与活动让学生充分理解了我国政治制度的优越性，深刻理解了革命先辈的拼搏精神，从而让爱国主义情感落地生根。

二、体魄在"全景式"爱国主义教育中淬炼成钢

多年来，学校坚持开展爱国强身教育活动。每年春季，学校都会举办迷彩少年校园足球联赛；每年秋季，学校都会举办国防体育运动会。学校秉持"军事训练上操场"的

军校文化传统，每周都有固定时间让学生到操场参加军事体育训练。这些强国健身运动比赛和军事训练课增强了学生体质，锤炼了学生意志，让学生身心都在"全景式"爱国主义教育中淬炼成钢。近三年，我校学子在省、市、区各类体育项目比赛中，有100余人夺得各项目的一、二、三等奖。

三、智慧在"全景式"爱国主义教育中磨砺锋芒

为培养学生的创新精神和实践能力，促进学生科学素养的全面提升，学校长期开展无线电测向训练和比赛活动，让学生在活动中接受国防教育和爱国主义教育。2020年以来，学校运动员在四川省和成都市的健身运动会无线电测向和定向越野比赛中获得一、二、三等奖30余次；50余名学生在中学生创新技术大赛中取得优异成绩。多年来，学校保持了低进优出的良好态势，学生在中高考中取得了优异成绩，高中教学质量连续八年提升，每年都获得教育部门的高度评价。

四、才华在"全景式"爱国主义教育中蓬勃生长

"全景式"爱国主义教育激发了学生个性才华的发展。在长期的"全景式"爱国主义教育的浸润下，学生的综合素质和艺术才华得以发展和提升。2020年以来，学校10名学生在四川省和成都市中小学系列微电影、微视频作品活动中获得一、二、三等奖10余次；学校选送的舞蹈、歌曲、戏曲、校园剧等节目在成都市中小学艺术成果展演活动中获得一、二、三等奖20余次。

第二节　教师层面"全景式"爱国主义教育的实践成效

一、打造"全景式"爱国主义教育名优教师队伍

学校以"全景式"爱国主义特色学校为导向，努力造就一支爱国拥军、业务精湛、结构合理、朝气蓬勃的高素质专业化教师队伍。截至2024年，学校有中高级教师88人，市优秀班主任和德育工作者4人，区级以上名优骨干教师、学科带头人50余人。其中，省特级教师1人，市特级教师1人，市区级名师工作室2个，市学科带头人4人，市未来名师1人，金牛教育专家1人。

2023年5月，学校夏子辉工作室团队成果"中学思政课价值观教育的'三步五环'教学模式"荣获国家二等奖（见图6-1），这是继该项成果获四川省人民政府第七届教

学成果一等奖后的再度获奖;学校党总支书记任俊被评为四川省爱国拥军模范(见图6-2)。

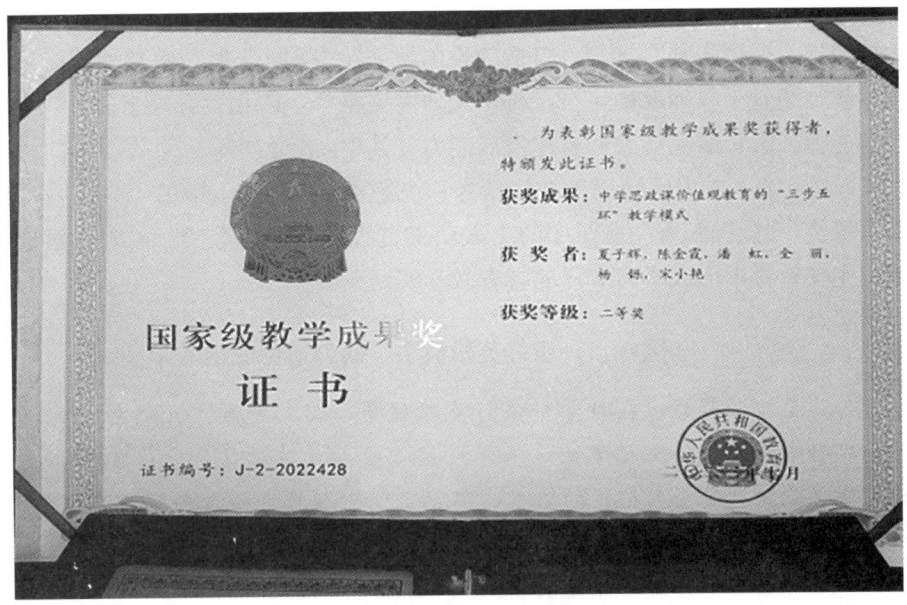

图6-1 国家级教学成果奖证书

图6-2 爱国拥军模范证书

爱国心，青春梦
——新时代"全景式"爱国主义教育探索与实践

二、打造"全景式"爱国主义教育青年教师队伍

学校实施"爱国强师"计划，打造"爱国新秀""爱国浩然"两支教师队伍，引导优秀青年教师和骨干教师准确定位，科学规划发展路径，内化教育理想信念，不断提升课堂教学能力、教育研究能力和自主发展能力。其中，"爱国新秀"队伍中的 1 人成为市级教坛新秀，3 人成为区级以上教坛新秀；"爱国浩然"队伍中的 1 人获得部级优秀精品课一等奖，"爱国新秀"队伍中的 1 人获得省级精品课一等奖。同时，学校鼓励教师在爱国主义教育中形成丰富多样的教育教学实践案例。

案例6-1：讲好英雄故事，助力道德法治教学

作为思政课教师，在教学中讲好英雄故事，阐发爱国主义精神，展现爱国风貌，弘扬中国价值，立足学生政治学科核心素养（政治认同、道德修养、法治意识、责任意识、健全人格）的培养，实现立德树人教育根本任务具有重要的意义，对完成道德法治教学目标也有很大助力。

讲好英雄故事，帮助学生明理。

在新民主主义革命时期、抗日战争时期有许多英雄，我会通过他们的家书、诗歌、名言、故事，让学生猜他们分别是谁。

比如，我会读出下面一段："朋友，我相信，到那时，到处都是活跃的创造，到处都是日新月异的进步，欢歌将代替了悲叹，笑脸将代替了哭脸……生之快乐将代替了死之悲哀，明媚的花园将代替了凄凉的荒地……"

这段话是谁在哪篇文章中写的？

这是方志敏在生命的最后时刻，他以生命热血写就的对美好未来的憧憬和向往的文章《可爱的中国》中的片段，文章里描述的美好生活现在已经一一变为了现实，甚至更好。

我接着问："这一切是怎么来的？"学生们纷纷回答："这一切都是无数像方志敏一样的英雄用鲜血、青春、生命换来的。"

我会请学生再举一些像方志敏那样拥有坚定的理想信念，壮怀激烈的革命情怀，为国为民挺身而出、断头流血、前赴后继的英雄人物。他们往往都能把从历史书上学到的英雄人物列举出来，如杨靖宇、赵一曼等。

塞缪尔·斯迈尔斯在《信仰的力量》中说道："能够激发灵魂的高贵与伟大的，只有虔诚的信仰。在最危险的情形下，最虔诚的信仰支撑着我们；在最严重的困难面前，也是虔诚的信仰帮助我们获得胜利。"

"天地英雄气，千秋尚凛然。"英雄人物的精神力量潜移默化地影响、激励着学生，使他们明白这样的道理：正是伟大的中国共产党带领伟大的、英雄的中国人民，经过前赴后继的流血牺牲，艰苦奋斗，才换来了如今面貌一新、越来越繁荣富

强的新中国。这和政治学科核心素养——培养学生的政治认同——是不谋而合的。

讲好英雄故事，帮助学生增信。

在抗美援朝期间，涌现出许多可歌可泣的英雄，如邱少云、杨根思、黄继光等。我会请学生上台讲这些英雄的故事，学生们往往都能讲得很具体。

我们不会忘记，19万7千多名英雄儿女把年轻的生命永远留在了朝鲜战场上。他们保家卫国的信念坚如磐石、意志钢铁般的坚强，视死如归的大无畏精神，以及他们伟大的爱国主义、国际主义和革命英雄主义精神，为我们树立了永恒的精神坐标。

每年在讲到初三上册"高扬民族精神"这一课时，我都会给学生播放高亢激昂的《英雄赞歌》。

现在我还会给他们播放电影《志愿军》的主题曲，以及电视连续剧《上甘岭》片尾曲《阵地》；我会给同学们朗诵当中的歌词："血一滴一滴，红遍了山河，红了那面旗，倒下的身躯筑起信仰阵地，一种精神铸就了东方传奇。"

我会给同学们播放运-20赴韩国接志愿军烈士遗骸回家的视频。14亿人用最高礼遇和无恙山河接英雄们回家。"为什么战旗美如画，英雄的鲜血染红了她，为什么大地春常在，英雄的生命开鲜花。"共和国不会忘记，人民不会忘记，那些将青春、生命融进祖国的血液里的英雄们。今天的我们更应该延续他们的精神、血脉，传承他们的民族气节、英雄气概、家国情怀，坚定自己的信仰，接过他们手中的接力棒，让自己的生命绽放绚丽之花！

我也会跟学生讲中国女排经历过风雨过后的洒脱，穿越过生命之河的故事。她们给我们留下了太多激情的记忆，太多荡气回肠的感动，丰富了中国人自信、自强、自豪的精神谱系。

这让我想起马克思主义关于内因和外因辩证关系的论述。对于即将毕业的初三学生，我希望他们从英雄的身上认识到：一个人成长过程中所表现出来的理想、志向、勤奋、进取精神、战胜困难的勇气和决心等内因是起决定作用的。英雄们为我们树立了很好的榜样。在后面的学习和工作中，我们要抓住机遇，不断自警、自省、自励，努力实现自己的人生目标。增信就是政治学科核心素养中培养学生的道德修养、责任意识。就是相信真理，相信马克思主义真理的力量，并用它来指导自己的行为实践。

讲好英雄故事，帮助学生崇德。

讲到反对分裂，维护祖国统一相关内容时，我会讲到加勒万河谷，我们的"卫国戍边英雄"用实际行动践行"我们就是祖国的界碑，脚下的每一寸土地，都是祖国的领土"的誓言，誓死不退，身先士卒。而有网友为了赚取流量，恶意歪曲事实真相，诋毁贬损卫国戍边英雄官兵，最终因涉嫌寻衅滋事被刑事拘留。讲到这里，我也给学生普及了法律方面的内容：从2021年3月1日起，此类恶劣行径正式入刑，并将罪名定为侵害英雄烈士名誉、荣誉罪。网络不是法外之地，遵守道德和法

爱国心，青春梦
—— 新时代"全景式"爱国主义教育探索与实践

律是网络生活的基本准则。崇德就是崇尚英雄的高尚品德，也要培养政治学科核心素养——法治意识，来维护、捍卫英雄的名誉、荣誉。

"青春换得江山壮，碧血染将天地红。"我们的团圆与安全，我们的岁月静好、山河无恙都是无数默默无闻的英雄用鲜血甚至生命换来的。我们铭记这些英雄就是要崇尚他们对祖国的赤胆忠诚、纯粹无私的高尚品格，我们缅怀他们就是要凝聚起不断前行的勇气和力量。"清澈的爱，只为中国"，是我们这个时代戍边英雄的精神写照。

讲好英雄故事，帮助学生力行。

无论是逆行出征的抗疫英雄，还是脱贫攻坚的时代楷模；无论是为国争光的奥运健儿，还是奔向星辰大海勇于追梦的宇航员们，在他们身上，我们体会到坚定的信念。最终，我们要将这种深沉的爱国之情转化为报国之志、强国之行。这与政治学科核心素养——培养学生责任意识、健全人格是一致的。

每届校运会后，我都会给学生展示我在校运会期间给他们拍的照片，学生看后情绪高涨。我会感谢同学们带给我的感动，这些感动源于同学们青春拼搏的身影，呐喊助威的加油声，团结协作、整齐划一的军体拳动作，以及主动担当义务裁判的默默奉献……这些美好的瞬间充满青春的力量和风采，也激励着我们积极面对以后的学习和生活，勇敢前行！

我告诉学生，每个时代有每个时代的担当和责任。在平凡的岗位上做好自己本职工作的人，也称得上英雄，也是真正的爱国。要实现中华民族伟大复兴的中国梦，我们每个中国人都必须承担起自己的责任，坚定不移跟着党走，用英雄的真理力量、人格力量引领自己，用英雄的智慧和初心砥砺自己。在学习和工作中，我们要勤学力行，刚健自强，勇担时代重任，争做时代新人，在平凡的岗位上用自己的实际行动继续续写英雄的理想、英雄的事业、英雄的历史！书写无愧于祖国和人民的人生华章！在感动与激动的氛围中，师生共唱《我和我的祖国》。

对学生进行爱国主义教育，我觉得老师首先要有爱国的激情，以情激情，以情导情。用跨学科的诗词，用音乐、图片和声情并茂的演说等，让学生看、说、听、悟、行、学，调动起他们爱国的激情。

为了唤醒、激励、鼓舞学生，为了增强学生做中国人的志气、骨气、底气，为把他们培养成有理想、有本领、有担当的时代新人打下牢固的思想根基，我会把感动着我的人与故事与学生分享，并以此与学生共勉、不辍不息。三尺讲台系国运，一生秉烛铸民魂！

案例6-2：让爱国情怀温润信息课堂

曾经，我因为一首歌而热泪盈眶，"一玉口中国，一瓦顶成家。都说国很大，其实一个家……"它让我想起了我的家，以及我的家在国家中的位置。这种紧密的联系，唤起了我内心深处对家人、家乡和国家的热爱。当我听到这首歌，我就想起我成长的地方和身边的种种温馨，是我的国家给予了我安全感和强烈的情感共鸣。

我是一名信息老师，在信息科技蓬勃发展的当下，信息课堂作为知识传递与技能培养的前沿阵地，不应仅聚焦于冰冷的代码、复杂的算法和先进的软件应用，更应以爱国情怀为底色，将其化作一股温润之力，滋养学生心灵，点亮科技报国之志，筑牢数字时代的爱国根基。我愿将我对祖国的热爱传递给我的学生。

信息科技对于我来说意味着什么呢？我觉得它并非无本之木，它在中国的发展有着深厚的历史渊源。学生们和我一起，不妨穿越时空，探寻我国古代信息技术的璀璨光芒。从结绳记事到仓颉造字，我们的先祖开启了信息记录先河，文字如文明火种，跨越千年，传递智慧，赋予了我们延续的力量；算筹算盘作为古代的"计算机"在商贸结算、天文历法运算中精密筹谋，这些都是算法思维的萌芽，尽显中华数字智慧底蕴。沿着岁月长河，我们看到造纸术、印刷术革新了信息传播的载体与效率，令经典著述、政令资讯飞入寻常百姓家，催生文化之繁荣。回溯往昔，学生触摸到先辈创新的脉搏，领悟古老文明对世界信息发展所作的独特贡献，爱国之情在文化根须滋养下悄然扎根。

在课堂中，我们一起见证当代中国信息领域依然成就斐然，恰似繁星闪耀于信息课堂"苍穹"。聚焦5G赛道，华为凭借深厚的技术积累与持续的研发投入，冲破西方技术封锁，引领全球通信变革，其基站铺就高速信息"路网"，赋能工业互联、远程医疗、智能交通等领域，让世界见证了"中国速度"与"中国创造"。北斗卫星导航系统，从无到有、由弱变强，以高精度定位护航国防、渔业、农业等多个领域，是太空奏响的"自主创新"乐章。我们一起深入探究这些成果的技术架构、研发艰辛历程，剖析背后万千科研人员焚膏继晷、矢志不渝，攻克芯片"卡脖子"、算法瓶颈难题，学生们仿若置身科研一线，自豪感在胸腔激荡，立志逐梦科技前沿、续写荣耀。

我会和学生们讨论：我们的互联网安全吗？互联网是一片无垠疆场，信息安全关乎国家命脉。我在信息课堂开展网络安全教育，便是为学生铸就守护祖国的"数字长城"。模拟网络攻防实战，从识别钓鱼邮件、防范恶意软件入侵等日常场景，到守护电力、金融等关键信息基础设施的大型战役，学生们化身"数字卫士"，操持安全工具、运用加密算法，抵御虚拟"暗箭"；解读《中华人民共和国网络安全法》要义，明晰合法用网、护网的责任边界，知晓规范线上言行是爱国具体体现；讲述无名英雄故事——那些奋战幕后，追踪境外黑客、修复数据漏洞的卫士，以代码为剑、智慧作盾，捍卫国家网络主权、信息机密，唤起学生的使命担当，在数字浪潮中护佑家国安宁。

我引导学生们手握新媒体"画笔"，绘就绚丽的中华数字文化长卷。我带领学生体验以编程演绎诗词格律之美，让平平仄仄在交互界面流淌诗意；借助动画、VR技术复现敦煌石窟、故宫博物院盛景，千年壁画、巍峨宫殿触手可及，文化瑰宝绽放新魅力；利用网络平台，展播剪纸、戏曲等民间技艺的传承，地方方言诉说着乡愁故事，指尖轻点间，华夏文化涟漪远扬全球。学生们既是创作者也是传播者，在文化出海浪潮中，输出文化自信，于世界文化版图镌刻中国印记，让爱国情怀借数字羽翼，拥抱世界、反哺本土。

我愿将爱国情怀丝丝缕缕融入信息课堂教学肌理，化作案例剖析、实操演练、文化创作的养分，培育出兼具科技素养与爱国精神的"数字时代新人"，使其凭借知识的力量，奔赴科技强国征程，续写中华信息科技辉煌篇章。

案例6-3：少年军魂

宁为百夫长，胜作一书生。

——［唐］杨炯

一直以为，那吹角连营、耀眼的橄榄绿今生无缘；那笔直坚挺、满身豪气的可爱之人永在作品中；那整齐划一、威武雄壮的钢铁之师只会在电视中……但仿佛就在昨天，此情此景，我沉浸在梦幻之中，和我的学生一起，沙场秋点兵，成为一名真正的军人！

时间定格在2015年的九月，记得那天，天空飘着毛毛雨，微风轻抚在脸上，带着淡淡的甜味，不知不觉中润湿了一切。

我和你们一样兴奋不已，大包小包的，带着各种生活用品，满怀着美好的憧憬，义无反顾地踏进了军营，开始了为期一周的军训。一切都是那么的自然，似乎时间很快就会过去！

收拾完行李后，一声哨响，你们开始了第一次集合，很懒散，拖拖拉拉，三三两两，说说笑笑，到了集合点也只是随意地站着。一些人没戴帽子，一些人没穿军装，一些人还蹲在地上，一些人口中还骂骂咧咧，整个队伍混乱不堪，足足20多分钟才安静下来。哎，面对这群学生兵，这样的队伍，我都觉得有点不好意思了，这可是在正规的军营呀！

这时天还下着小雨，雨丝随风飘荡着。

接下来正式开始军训。我原以为今天的训练会因为下雨取消，没想到黄昏的时候，我在自己的寝室中听到了威严的口令声。"立正""稍息""向右——转"……我冲出了寝室，急忙寻找我班的学生。在一片橄榄绿中，我找到了你们，那种目光一开始很惊讶，随后变的亲切，有些同学看到我，嘴巴动了一下，我知道那是你们想喊老师又没喊出来。心里一阵激动，终于开始军训了，希望你们能挺过来，做一名真正的军人！

一周的军训终于要结束了，学生们还在寝室里说说笑笑，一阵短促的哨响，"集合"——一声威严的口令声响起，整个军营沸腾了，每个人急忙地冲出了寝室，各就各位。

"快点，集合了，一会回来收！"一个学生拉起另一个，已冲了出去。

"你的军装没扣好！"一位高个子已经开始帮忙扣起队伍中最后一位同学的衣

服来。

"帮忙看看,我的帽子戴好了吗?"一位女同学问旁边的人。

……

一分半钟后,一切归于平静。短短的几天,同学们竟像换了一个人,第一次集合需要20多分钟,现在只有不到2分钟,每个人都精神抖擞地站在队伍中,整齐划一,鸦雀无声。这就是军训,改变了一个人的面貌、气质,学会了团结、纪律!

那几天晚上有点冷,很多同学只带了一件薄薄的床单,没办法,几个人只好挤在一起,资源共享。最终,有些同学还是生病了。

陈双,13岁,身体很单薄,弱不禁风的样子,本来就有胃病,部队的伙食不习惯,只吃了一点,到晚上的时候,又着了凉,引发了胃溃疡,肚子疼得厉害,在床上不停地打滚。晚上12点,教官察觉后二话不说,背起她就往医院跑去。我们紧随其后,一路上不停地鼓励着她,10多分钟的路程,黑灯瞎火的,我们要求轮流着背,可是教官怕耽误时间,坚持不让,"我能行,你们这些老师身体没我好,不要折腾孩子了!"一句朴实又略带责备的话,让我心头一阵热,黑夜中,眼泪已夺眶而出!

到了医院,要输液,医生建议停止训练,第二天送回成都。没想到陈双听了这话,竟哭了起来:"老师,我不回家,我要坚持训练,我不想走,我不想走呀!"一阵一阵的哭声,揪住了我的心,心里很难受,像被什么东西堵住了一样。"可爱的孩子,身体要紧!"我语无伦次地劝着,声音竟然有点颤抖、沙哑。

第二天,在回家的车旁,透过车窗,我看见了陈双那双哭红的眼睛,依依不舍……车动了起来,我挥挥手作别,没想到,一刹那间,她的脸煞白,泪水涌了出来,又传来一阵揪心的哭声,隐约中,我又听见:"老师,我不想走……"泪水再次湿润了我的眼睛。

时间仿佛被那张军训时的大照片永久地定格了,我知道这段难忘的日子会永远留在我的记忆中。我不是军人,但我一样骄傲,因为我有这样的学生,仿佛我也成了一名军人,"咱当兵的人,咱当兵的人……"

我的孩子们,少年军魂!

案例6-4:在历史纪念日中共鸣与成长

在担任班主任的同时,我也是一名高中历史教师,我常在思考一个问题:"教育到底需要培养怎样的人才?"教育,决定国家的未来。教育的核心在于立德树人,德才兼备似乎是对一个学生最高的评价,但我想,应该有一个前提,那就是根植于中国这片土地,以爱国情怀为前提,这才能为个人与社会发展、国家与民族发展提供更深沉、更持久的精神力量。

"天下兴亡,匹夫有责。"爱国主义教育不仅关乎个人的成长,更关乎国家和民族的未来。作为历史教师,我深知在当前全球化和信息化的背景下,外来文化与势

爱国心，青春梦
——新时代"全景式"爱国主义教育探索与实践

力交织，文化侵略暗流涌动，青少年面临着多元文化冲击的严峻形势，为国家培育具有强烈社会责任感、坚定民族自信与深厚国家信仰的爱国青少年是极为必要和重要的。但是，如何调动学生的家国情怀？仅依靠课堂上的历史知识，仅依靠教师的讲解和教育，往往最后会陷入照本宣科的窠臼之中。

唯有将情感与行动相融合，让学生在参与实践的过程中，知历史之厚重，爱国之深沉。于是，作为历史老师，我在进行历史教学时，常常将历史现象与时事热闻相融合，激发学生对于现实世界的深刻洞察和对国情民生的深切思考。作为班主任，我在履行德育职责时，尤为注重依托学校丰富的德育资源，精心策划并引导学生积极参与各类校级爱国主义纪念日主题活动，诸如"五四青年节"时激情澎湃的演讲大赛、"一二·九"纪念日中雄壮激昂的军歌合唱比赛。通过这些活动，学生们在亲身参与中深切感受到了集体的力量与民族精神的振奋，从而在心灵深处根植家国情怀，培养对社会进步不可推卸的责任感。

2024年5月，听闻学校将举办爱国主义演讲比赛，我深表赞同。此次比赛的筹备与选拔想来极为不易，但如果妥当利用，将是一次成功的爱国主义教育。这群对本土文化与国家历史的认知略显浅薄的青少年，将实现对爱国主义的表达与内化，这是深化国家民族信仰的良好契机。我心中酝酿着一个计划，以本次爱国主义演讲比赛为契机，培养出一名优秀的演讲者。

果然，演讲比赛在选拔阶段就遇到了困难。在号召同学们参加活动之初，学生们纷纷面露难色。一方面，学生鲜少撰写演讲稿，自觉才疏学浅；另一方面，学生缺乏演讲的经历与经验，更是心生畏惧。

为了鼓励学生参与，我在比赛筹备时便制定了"三步走"策略。

第一步，在班级内回溯"五四青年节"的历史，鼓励学生撰稿。讲述五四精神的内涵与时代意义，从巴黎和会的屈辱到青年学生的奋起，从民族危亡的关键时刻到如今和平年代的责任传承，学生们听得入神，眼中闪烁着思索的光芒。我鼓励他们自主查阅资料，从屈辱的百年近代史到探索改革的中国现当代史中挖掘典型人物、事迹和精神，进而撰写演讲稿。最终，在一众学生中，挑选出正在学习播音专业的艺考生杨同学。

第二步，在赛前以多方力量、多个场合、多种途径鼓励参赛学生增强他们的信心，并精进其演讲技巧。在赛前，杨同学对演讲比赛缺乏信心，我迅速行动，多次在私下和公开场合表达了对她潜力和能力的坚定认可与鼓励。在演讲稿的准备阶段，杨同学首先独立撰写了一篇质量上乘的初稿。随后，在语文老师吕老师和我的悉心指导下，这篇稿件经历了很多次的雕琢与润色，每一句话、每一个用词都经过反复推敲，最终形成了一篇情感饱满、逻辑严密的精彩稿件。在演讲练习环节，我采取了循序渐进的策略。起初，我安排杨同学在我面前进行试讲，利用课间和晚自习的宝贵时间进行，我耐心倾听，细致观察，并针对性地提出改进建议。为了进一步锻炼杨同学的临场应变能力和自信心，我安排她在历史课和语文课的课前五分钟进行实战演练。面对全班同学和老师，她逐渐学会了如何在不同的听众面前调整自己的演讲节奏和情感表达。进入决赛后，我同她一起投入 PPT 稿件的完善中，从字体的选择到背景的搭配，每一步都力求与演讲内容相得益彰，突出主题特色。杨同学展现出了非凡的坚韧与勤奋，每日不辞辛劳地利用完成作业后的课余时间反复练习，无数个夜晚见证了她在教室里独自练习的刻苦与坚毅。

在这样的全方位支持与鼓励下，杨同学不仅精进了演讲技艺，更提升了自信心。在同学们和老师们一遍又一遍的见证、建设性建议、真诚欣赏与不断鼓励下，杨同学终于在校级初赛中脱颖而出。她的演讲内容从泛泛而谈、欠缺逻辑性和说服力，到以小见大，逻辑清晰，论证充分；她的演讲表现从肢体僵硬、声音颤抖，到动作舒展、铿锵有力；最终，她实现了历史与现实的联动，实现了情感与演讲的统一。

第三步，在演讲比赛现场，见证学生的进步与成长。初赛和决赛当天，我分两批挑选出班级中综合表现最佳的十位同学到比赛现场进行观摩学习，见证同窗的荣耀时刻，见证班级的团结合作。决赛当天，各班选手依次登台，试图在智慧与口才的战场上留下个人最耀眼的战绩。

杨同学登上舞台的那一刻，时间仿佛凝固。她与我记忆中那个害羞内敛、不善言辞的杨同学判若两人，已然成长蜕变。她明媚地微笑着，这不仅是对台下老师、同学的亲切问候，更是对决战时刻充满信心的宣言。她的声音清晰地穿透了会场的每一个角落。首先，她以热情的问候开场，接着以平和却富有感染力的语调开始讲述，每个字都饱含情感，既展现了深刻的思想内涵，又不失青春的活力与激情。她巧妙地运用反问、比喻、排比等修辞手法，将复杂的概念化为生动的画面，让听众仿佛置身于她所描绘的爱国主义情境之中，与之同悲共喜。

在演讲的高潮部分，杨同学的声音略微提高，语速加快，却依然清晰有力。她舒展着身体，进行有力的肢体表达，动作自然流畅，完美地诠释着她激情澎湃的演讲；她用坚定的眼神与台下的观众进行着无声的交流，那份真诚与热情，让在场的每一个人都为之动容。评委老师们也不禁微微点头，眼中流露出赞许的神色。当最后一个音节落下，整个会场陷入了短暂的寂静，随后爆发出雷鸣般的掌声。她的演讲中蕴含的深刻思想和情感力量，不仅感动了在场的师生，也激发了同学们对爱国主义的深刻思考和对民族未来的责任感。

最后，杨同学以军礼向观众致谢，表情坚毅。走下舞台，迎接她的是同学们热情的拥抱和老师的赞许目光。代表班级出战的杨同学，用她的精彩表现征服了所有听众，取得了学校高中爱国主义演讲比赛第一名的好成绩，成了众人心中当之无愧的"最佳演讲家"，书写了一段属于自己的传奇，成了班级同学心中最耀眼的"明星"。这一刻，她不仅为自己和班级赢得了荣誉，更重要的是，她超越了自我。从初赛的紧张焦虑到决赛的沉着镇定，从羞涩内敛变得更为自信大方，这一切源于努力与坚持的力量。

爱国心，青春梦
——新时代"全景式"爱国主义教育探索与实践

这次爱国主义演讲活动，从筹备到比赛，让学生们深刻领悟了百年前五四精神的核心——爱国、进步、民主、科学。他们不再是历史的旁观者，而是将自己置身于时代的洪流之中，意识到当代青年的责任与担当。杨同学并非孤例，而是众多同学中的一位杰出代表，一个鲜明榜样，更是爱国主义教育活动的受益者。鉴于此，班主任应充分利用爱国主义纪念日，充分依靠军校丰富的德育资源，身体力行地将自己与学生紧密相连，积极筹备此类比赛和活动，精心引导学生参与，以实践深化学生的爱国情感，真正实现根植家国情怀。

在爱国主义教育活动的滋养下，2025届3班的学生们正茁壮成长为一批有理想、有本领、有担当的新时代青年，他们正以实际行动诠释着"爱国"二字的深刻内涵。他们在思想上逐渐成熟，对国家和民族的热爱转化为内在的动力，推动着他们在学习生活中求知、求真、求进步，激励着他们在成长道路上思考人生未来的方向。而我，也将继续在教育的道路上，以史为鉴，用心浇灌这些祖国的花朵，让爱国的火焰在一代又一代青年心中永不熄灭。

以下是杨同学演讲稿全文。

以星星爱国之火，耀祖国燎原之光

尊敬的各位老师，亲爱的同学们：

大家好！

当我们凝视这片古老的土地，感受到那深厚的历史底蕴时，心中不禁涌起一股强烈的爱国之情。今天，我演讲的标题是——以星星爱国之火，耀祖国燎原之光！

在正式进入主题之前，我想先问大家一个问题：什么是爱国？大家可能会说："爱国，人人都会呀？"可是，请问大家，为什么每周我们主题朝会，当主持人喊出升国旗、奏唱国歌时，台下却是一片鸦雀无声呢？为什么当有的同学想要歌唱国歌时，却有人向他投来异样的眼光，甚至是嘲笑呢？

爱国主义，是中华民族的优良传统，是支撑我们砥砺前行的强大精神力量。回首历史长河，我们的祖国历经沧桑，但始终屹立不倒。从古老的华夏文明，到近代的抗争史……我们见证了中华儿女的智慧与勤劳、我们感受到中华民族的坚韧与不屈。千百年来，每一个阶段都凝聚着无数先贤的智慧与汗水，都镌刻着中华儿女的奋斗与牺牲。正是因为有了这种深厚的爱国情感，我们的民族才能在逆境中崛起，在困境中奋进。

爱国，不仅仅是热爱这片土地，更是热爱这片土地上的人民和文化。悠悠华夏，五千年文明。这里的人民勤劳智慧，这里的文化博大精深。这些年，越来越多的传统文化通过各种途径，走进大众眼帘。"中国诗词大会""经典咏流传"这类文化综艺，或是"银发知播"、李子柒这些视频博主，更或者是《忘川风华录》《物华弥新》这类历史性游戏……我们的传统文化看似复兴，然而实际上呢？请问各位，你是把李白的诗背得滚瓜烂熟还是将"他"的技能记得一清二楚呢？当我们看到游戏中的庄周骑着一条大鱼，你是否有去想过那条大鱼又代表着什么呢？当我们点进一个历史名人的 Tag，我们会发现是有关他文学作品、生平事迹的分析更多呢，还是基于游戏形象的二创更多呢？在这处广袤的大地上散落着无数珍宝，新时代的我们更应该珍惜这份宝贵的遗产，传承这份独特的文化，让它们在新时代焕发出新的光彩。

在全球化的大背景下，我们更应该坚守爱国主义精神。面对世界的多元文化和价值观念，我们不能迷失自我，更不能忘记自己的根和魂。鸦片战争后，中国文化也曾支离破碎，尤其是五四运动之后，部分学者甚至主张废弃中文改用拉丁文。再说现在，多少人至今还觉得国外的空气更甜、外国人素质更高，多少人抹黑我们的传统文化多么的陈腐、宣扬西洋文化有多么的高大上。二次元、欧美圈、韩娱，众多舶来文化中，我们要警惕乱花迷人眼。我相信，各种各样的文化一定是因其美好动人之处吸引人心，但在接受、欣赏这些文化时，我们也要坚定文化自信，积极推广中华文化，让世界更加认识中国、了解中国。

爱国，也意味着要承担起对国家的责任与担当。作为新时代的青年，我们是祖国的未来和希望。没有正确的价值观，再高的权力地位、学术资源也是空谈。近年来，多少"学阀"垄断教育资源，危害学生安全；多少高校大学生，去国外深造，一去不回；多少高智商犯罪；多少高校学生自轻自贱；多少校园霸凌仍在我们身边发生；躺平文化、丧文化的流行，拜金主义、精致利己主义、极端性别对立甚嚣尘上……我们更应该树立正确的世界观、人生观和价值观，坚定理想信念，努力学习科学文化知识，提高自身素质和能力。从躺下去到站起来，从丧下去到乐起来，从拜金到拜美德，从利己到利社会，为祖国的未来贡献自己的力量。

爱国主义不仅是一种情感，更是一种行动。我们应该把爱国之情转化为报国之志，将个人的梦想与国家的命运紧密相连。

"天下兴亡，匹夫有责。"什么是我们身边的爱国？是在平凡生活中的奋斗与奉献；是在面对问题时的挺身而出，迎难而上；是在社会文明建设中的引领风气之先！让我们从现在做起，从点滴小事做起，用实际行动践行爱国主义精神！

让我们携手并进，用青春和热血，为祖国的明天献上最壮丽的诗篇！让我们以星星爱国之火，耀祖国燎原之光！

最后，我想用一首诗来结束我的演讲："江山如此多娇，引无数英雄竞折腰。惜秦皇汉武，略输文采；唐宗宋祖，稍逊风骚。一代天骄，成吉思汗，只识弯弓射大雕——俱往矣，数风流人物，还看今朝！"

谢谢大家！

案例 6-5：心系家国，青春共鸣

作为德育教师，我们的日常工作聚焦于学生的常规管理与思想品德教育。然而，我们深知，空洞的理论说教难以触动学生的心灵，唯有持续地为学生注入崇高精神的滋养，才能真正达成教育与转化的目的，引领学生培育高尚品德、树立远大

爱国心，青春梦
——新时代"全景式"爱国主义教育探索与实践

理想，践行立德树人的使命。在不断的探索与实践中，我们逐渐意识到，开展形式丰富的爱国主义活动，为学生构筑展示自我的平台，乃是厚植爱国主义情怀的有效之策。以下便是我校德育处筹备一次爱国主义演讲比赛的全记录，从中可清晰洞察学生对爱国主义精神认知的演进轨迹。

每年的五月，属于青年的节日盛装降临，学校总会精心筹备主题朝会与才艺大赛，为同学们搭建展现个性与风采的绚丽舞台。2024年亦循此例，德育处在开学之初便着手策划五月的活动蓝图。身为语文教师兼德育干事的我，却常常陷入沉思：那些五彩斑斓的文艺表演固然夺目，可热闹散去，除了留存些许精美的照片与一篇纪实性的新闻报道，我们的学生究竟收获了何种精神宝藏？登台献艺的同学固然赢得了一次绽放才华的珍贵契机，这对他们勇气与自信的培植无疑大有裨益。但台下的众多同学呢？他们在活动现场，除了向舞台上那些能歌善舞的校园之星投以倾慕的目光，报以诚挚的掌声，发出"台上一分钟，台下十年功"的由衷赞叹外，实际的心灵滋养与思想启迪又有多少？学校筹备一场大型活动的艰辛，亲身参与其中的师生深有体会，可作为观众的大多数学生却未必知晓。如何通过活动的设计与实施，让台上的表演者与台下的观众在思想深处、心灵幽处受到强烈的触动与激励，产生强烈的情感共鸣，并在思维方式上相互启发、共同成长，这是长久萦绕在我心间的问题。身为语文老师，我本能地从语文实践活动领域探寻灵感。在学校党总支的领导下，经过德育处全体教师的反复研讨，我们最终敲定了举办爱国主义演讲比赛的初步规划。然而，德育处过往虽在文艺活动组织方面经验颇丰，但对于举办爱国主义演讲比赛却略显稚嫩，只能在摸索中砥砺前行。

首要任务是动员全校同学积极参与，组织报名，并广泛收集学生的演讲稿初稿。未曾料到，在这初始阶段便遭遇了棘手难题：同学们递交的演讲稿质量良莠不齐，逻辑架构松散无序，内容空洞无物，大多只是革命英雄事迹的机械堆砌，对爱国主义精神的理解流于肤浅的表面与刻板的形式。见此情形，我们迅速组织全体参赛选手召开会议，逐一悉心指导学生的演讲稿创作，着重提醒学生从身边的点滴事例写起，力求凸显针对性与逻辑性。经过此番精心修改，学生们的演讲稿质量显著提升，不再是简单的"观点＋英雄事迹"的生硬拼凑。

随后，筹备工作进入分学段初赛阶段。然而，初赛现场状况频出：有的学生演讲时频繁卡顿，仿佛思维的齿轮陷入了泥沼；有的则因过度紧张而忘词，在台上尴尬地伫立；有的表情僵化如木偶，机械地照本宣科，毫无情感的温度；有的则信马由缰，肆意放飞自我，故作轻松之态，实则偏离主题……追根溯源，乃是学生对自己的演讲稿不够熟悉，对爱国主义精神的领悟不够深刻，未能将真情实感融入其中。为此，我们即刻展开第二次深度指导。从演讲稿的逐字逐句雕琢，到上场前着装的统一整理、仪态的规范调整；从演讲过程中的肢体动作设计与表情管理，到声调语气的抑扬顿挫把控，以及与现场观众互动技巧的传授……指导越是细致入微，学生对比赛的重视程度便越高，对爱国主义精神的理解也越发深刻透彻。

接下来便是紧张有序的排练阶段，全力备战决赛。为助力进入决赛的同学在讲台上能够镇定自若、挥洒自如，德育处发布紧急通知：恳请班主任与语文老师为学生开辟绿色通道，利用课前三分钟的宝贵时间，让参赛选手登上讲台，面向全班同学进行脱稿演讲。此举措一方面旨在锤炼参赛选手的胆量与自信，另一方面则期望借此引导全体同学深入思考爱国主义教育的深邃内涵。同时，德育处积极鼓励全体同学群策群力，为参赛选手提供富有建设性的修改与优化建议。历经数轮高强度的练习，众多参赛选手的表现一次比一次出色，无论是临场应变的机智敏捷，还是语言表达的逻辑严谨，抑或是对爱国主义精神的诠释与自身学习生活的紧密联系，都能深入浅出，彰显出独到的个人见解与深刻的感悟。

终于，决战的时刻来临，选手们踏上了决赛的赛场。为了充分彰显爱国主义演讲比赛的深远影响力，强化爱国主义活动的庄严神圣感与仪式庄重感，我们匠心独运，将演讲比赛与五月的新团员入团仪式巧妙融合。从参赛选手PPT字体的精心挑选、大小的适度调整，到图片的巧妙运用，再到LED屏宣传预热视频的精心制作；从奏唱国歌、团歌时的庄严肃穆，到新团员名单的郑重宣布；从主持人开场白的字斟句酌，到演讲比赛领导致辞的深思熟虑……比赛的每一个环节、每一道流程，都经过了反复的研讨、审慎的斟酌与细致的推演。我们满心期望，比赛的每一步进展都能为选手、嘉宾以及听众带来一场爱国主义精神的深度熏陶与思想启迪的盛宴。作为主办方，德育处的老师们内心既澎湃激动又忐忑不安。激动的是，漫长的筹备期终于迎来了收获成果的关键时刻；忐忑的是，台下就座的皆是学校的领导、中层干部、班主任和语文组的骨干教师，还有各班选派的优秀学生代表。倘若参赛选手发挥失常，一则会沉重打击他们的自信心与自尊心，二则会白白耗费嘉宾和评委老师们的宝贵时间，对台下的学生观众也难以起到良好的教育与引导示范作用，三则德育处筹备活动的专业能力与组织水平也将遭受质疑。所幸，功夫不负有心人，每一位参赛选手都以从容自信的姿态，抑扬顿挫的语调，饱含深情与感染力的语言，生动鲜活地诠释了他们心中所理解的爱国主义精神。整个会场不时爆发出雷鸣般的热烈掌声，这掌声既是对台上选手精彩表现的高度赞誉与认可，更是对他们所传达的演讲内容的强烈共鸣与深度认同。

这场演讲比赛，不仅是才华学识的激烈较量，更是思想观点的激情碰撞与深度交融，还是精神信仰的精准导航与有力引领。参赛选手们对革命先烈的深情缅怀，对时代机遇的敏锐洞察，对国家挑战的深刻剖析，以及对自身责任与担当的主动承担与自觉践行，深深打动了在场的每一位听众。"国家不可一日无青年，青年不可一日无觉醒。"身着迷彩的少年英姿，展现了少年军校的精神风貌；新时代青年的奋进之姿，便是中国蓬勃向上的生动写照。新时代的青少年，理应明辨历史发展大势，精准把握时代潮流走向，心怀家国天下的宏大抱负，持续增长知识储备，锤炼高尚品格，强健体魄身心，涵养积极阳光的心态，在困境中坚守梦想的灯塔，在艰难险阻面前永不言弃，在拼搏奋进的征程中勇攀高峰。心中若有灿烂阳光，奋斗的脚步必将铿锵有力；心中若有坚定信念，青春的航船必将乘风破浪、一往无前。我由衷地坚信，这便是我们精心举办"心系家国，青春共鸣"爱国主义演讲比赛的深远意义与价值所在。

三、提高教师课程意识和课程开发能力，整体提升师资水平

"全景式"爱国主义教育实践从根本上转变了教师对国防教育特色课程文化的开发意识，激发了教师参与课程开发的热情，充分发挥了教师的主体作用和创造性。教师在理论学习、课程开发到课程实施的整个过程中，积极思考、撰写论文提升自己的专业素养。教师们的专业知识、理论水平、教学能力、军事素质、研究意识等都得到了提高。近年来，学校先后涌现出正高级教师2人，省市特级教师2人，市学科带头人4人，市教坛、优青、优班、优秀德育工作者等11人，金牛教育专家1人，金牛教育拔尖人才3人，建立了市级名师工作室1个，50余人次获得省市级奖励，200余人在区级及以上教师技能竞赛中获奖。科研课题方面，2020年以来，学校教师参研的立项、在研及结题课题40余项，其中省级以上课题4项，获国家级教学成果奖二等奖1项，金牛区小课题成果奖8项。

2017年，课题"少年军校特色课程文化建设实践研究"获四川省第六届教学成果奖三等奖；2019年，市级名师课题"国防教育与社会主义核心价值观融合提升中学生道德素养创新实践研究"获成都市教育科学规划课题阶段成果三等奖；2023年12月，学校组织教师参加教育部首届大中小学思政课一体化共同体（四川）教学创新设计竞赛，1人获得特等奖，2人获得一等奖；2024年4月，论文《融合共生："全景式"爱国主义教育的行动框架》发表于《四川教育》杂志第4期；2023年6月，论文《让爱国拥军思想浸润学生的心田》在《教育家》上发表；2023年6月，论文《新时代中学生"全景式"爱国主义教育实践的系统研究》在《金牛教育》上发表；2022年4月，论文《新时代加强爱国主义教育的行动指向》在《四川教育》上发表，并得到杂志社的微信号推广；2023年7月，课题"中学思政课价值观教育的'三步五环'教学模式"结题，成果获得教育部颁发的国家级教学成果奖二等奖；省级课题"中学思政课培养学生政治认同的实践研究"于2023年7月被四川省教育发展研究中心立项；案例《花开有果，落地有声——大中小学思政教育一体化背景下中学生生命教育的探索与实践》获四川省2023年"优质而公平——努力办好让人民更加满意的基础教育"优秀论文评比二等奖。

论文《基于五育并举理念的高中课程构建策略研究》获得四川省2023年生涯教育学术年会论文三等奖；论文《立德树人，培根铸魂——高中"班级德育资源"的整合利用研究》《新时代爱国主义教育在信息技术教学中的渗透》《在爱国主义视域下品人教版高中生物教材——以分子与细胞板块为例》《浅谈家国情怀与杜子美的融合教学》《利用

高中新生军训推动五育并举的策略研究》《信息技术课堂教学中渗透新时代爱国主义教育的探究》等近二十篇论文获得成都市2023年优秀论文评比一、二、三等奖;《坚持国家利益至上》《各国数字喜忌》《蜀韵版味(第3课时)》《记录家乡的人和物》《百家争鸣,议论有方》《融创美育教学——刀痕版味》《在Python中用Turtle模块绘图——送你一朵小红花》《伟大的改革开放》《从大国博弈看总体国家安全观的必要性》等课堂视频获得四川省和成都市名师优质课大赛、微课大赛一、二、三等奖项。

第三节　学校层面"全景式"爱国主义教育的实践成效

一、环境建设方面,建设了场馆厅统一的爱国主义教育场景

在校园中创设军旅文化情境,努力将学校营造成为师生接受军旅文化熏陶的"教育场",让学生在耳濡目染中感受军旅文化,随时随地置身于国防教育体验之中。例如,建展馆,充分展示学校少年军校发展历程和重大特色活动;设立军事阅览室,为学生提供军事题材的读本和视频学习资料,丰富国防教育学习内容;修建红军长征、军魂等雕塑,立雷锋、航天英雄丰碑;建立国防乐园等,以此彰显少年军校"军魂"。

图6-3　场馆厅统一的爱国主义教育场景图

二、文化打造方面,完善了聚焦全景的分区爱国主义教育阵地

学校设置了"爱国十区",包括党建引领区、师德示范区、爱国拥军区、国防展示区、学校文化区、健康生活区、"五育并举"区、畅享阅读区、生态文明区、学生风采区等。例如,学校文化区的长征精神宣传展板(见图6-4),全景展现了关于长征的话题。

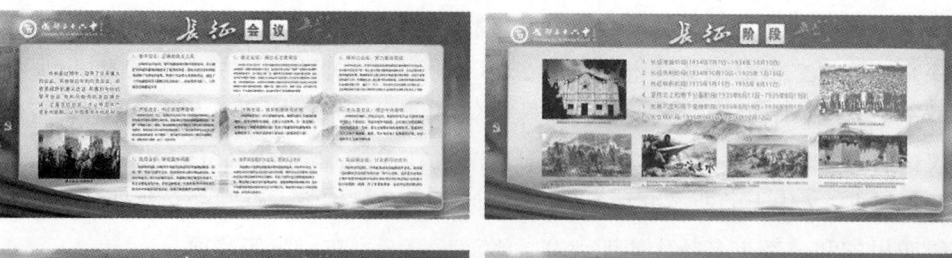

图6-4 爱国主义教育中"长征精神"宣传场景图

三、活动开展方面，形成了不同层面的全景教育活动成果

学校目前既有主题朝会的集结，也有"党在我心"的爱党教育，更有国防教育的专题看点，形成了两本文集、一本主题成果集、四期学校《铸魂》校刊、一期爱国主义国防教育的看点等（见图6-5）。

同时学校编写了针对不同年级学生成长的聚焦学校特色的"全景式"爱国主义教育读本《"六爱"助我成长》。

学校在不同刊物上进行了爱国主义教育的经验总结，2023年6月，任俊、鲍滢的论文《让爱国拥军思想浸润学生心田》发表于《教育家》杂志，并被中国知网收录，让爱国主义教育的经验在更广泛的范围推广。2022年4月，谢江林在《四川教育》杂志发表论文《新时代加强爱国主义教育的行动指向》，并得到杂志社的微信公众号推广。2024年，论文《融合共生："全景式"爱国主义教育的行动框架》在《四川教育》杂志发表。

第六章 "全景式"爱国主义教育的实践成效

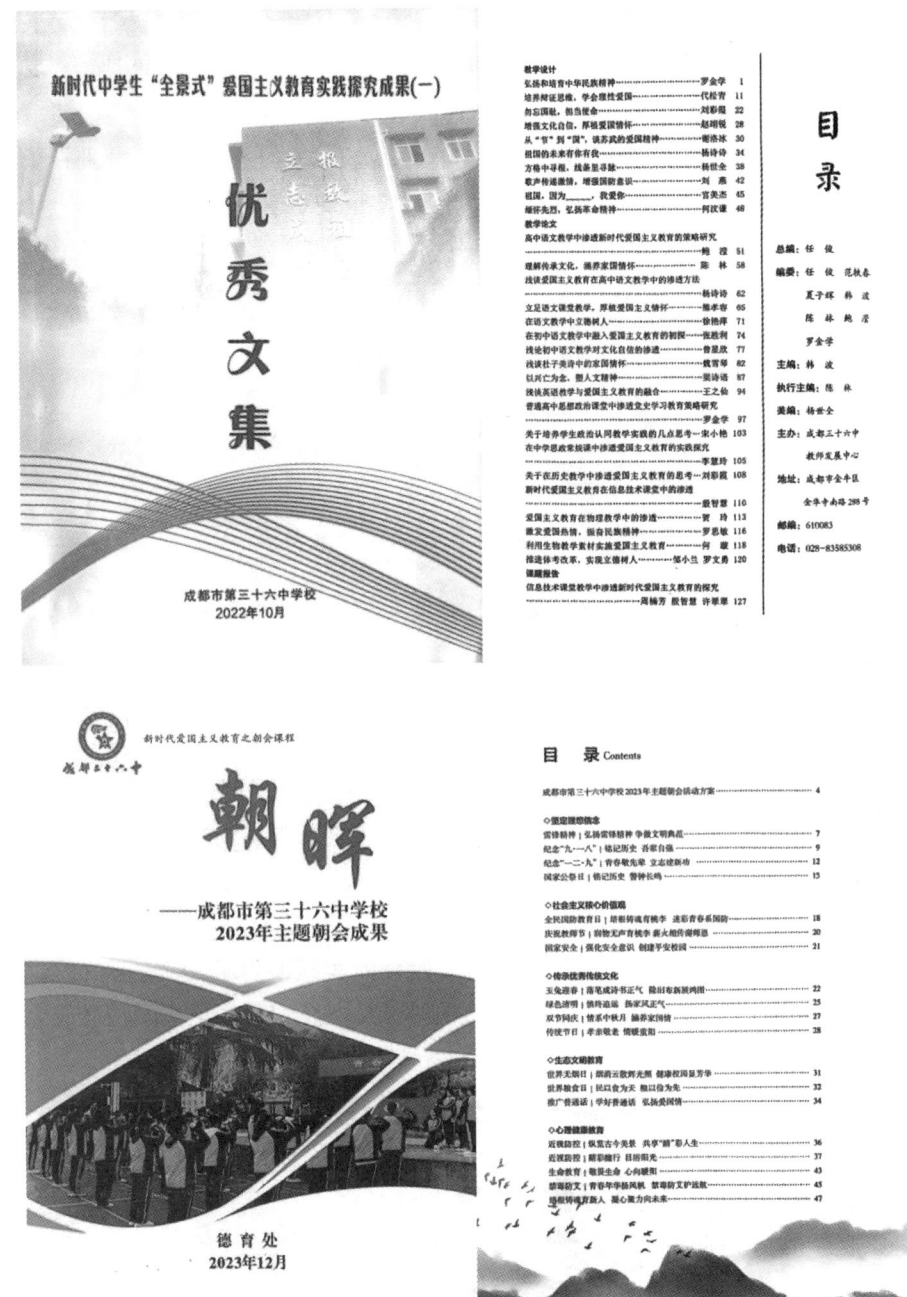

图6-5 学校"全景式"爱国主义教育研究成果

四、辐射引领方面，学校的影响力逐渐扩大

随着爱国主义教育实践的深入开展，学校的影响力逐渐扩大。学校开展国防教育特色课程后，师生精神面貌焕然一新。学校的"国防特色课程文化"成果在全国产生了广

141

泛的社会影响。学校多次被成都市教育局评为普通高中教育教学质量优秀学校，被批准为"成都市优质特色高中项目创建学校"并通过专家组验收，获得高度评价。学校被四川省人民政府命名为国防教育基地，被中宣部、教育部、国家国防教育办公室联合表彰为全国国防教育先进单位。2017年2月和2018年2月，学校被教育部分别授予国防教育特色学校、国防教育示范学校。（见图6-6）。学校办学成果多次被CCTV-5、《中国教育报》《教育家》《基础教育参考》《德育报》《四川教育》等各级各类媒体宣传报道。

图6-6　学校荣誉

同时，学校办学成效日益显著。2023年5月，学校被评为"成都市艺术教育特色学校"；截至2023年12月，连续7年被成都市教育局评为高中优秀学校。通过特色场室的建立、文化标志的形成、特色平台的搭建、特色课程的开展、师生培养模式创新，以及家校互动平台的搭建等措施，学校切实提高了教育质量，为学生的终身学习和可持续发展、教师的专业化发展打下了扎实的基础，让"全景式"爱国主义教育实践落地生根、枝繁叶茂。2023年2月，学校被教育部、中央军委政治工作部授予全国国防教育示范学校（见图6-7）。"全景式"爱国主义教育的实践助力了学生的全面健康成长，让学校的特色更有深度和更高质量的发展，使学校从一所普通中学华丽转身成为一所省重点中学。

图6-7　国防教育示范学校

第四节　成果层面"全景式"爱国主义教育的实践成效

新时代的爱国主义教育需要学校进行校本化的教育探索,"全景式"是它的样态特征,校本化是它的实施策略。通过以问题为导向、以实证为基础的"全景式"爱国主义教育实践研究,我们形成了爱国主义教育的"六爱三式"操作性成果。在一定的模式方法探究中,形成了具有自身特点的教育表达,回答了"爱国主义教育学校何为"的问题,助力了学校的教育向深度、高度和温度的发展,继而推动了"以'立德树人'为根本任务"的学校高质量发展。在操作性成果方面,我们最大的成果就是"'六爱三式':新时代'全景式'爱国主义教育的中学校本化探索"。

一、"六爱三式"因问题而来

当前,爱国主义教育已经成为高质量学校发展的关键,但一些学校仍然存在对新时代爱国主义教育不够重视的问题。一是教育校本化偏弱,将国家的教育要求转化为学校的教育实践时,没有进行必要的顶层设计,实施爱国主义教育时候缺乏鲜明的主题,出现泛化倾向。二是教育主体性缺失,在教育内容、方法、途径、评价等方面未能充分唤起学生的参与意识,存在教师灌输理念、学生被动接受的现象,导致教育效果不够理想。三是课程统整性偏弱。大多数学校的主阵地是思想政治课,未能整体协调其他学科的教育资源,虽然对学科渗透德育提得多,但针对爱国主义教育较少,导致爱国主义教育显得碎片化、延续性差。四是育人协同性不强。大多数学校是仅通过学校课程育人、活动育人等方式实施爱国主义教育,未能积极调动社会、社区、家庭等多方教育力量,导致爱国主义教育路径单一、资源匮乏。五是评价体系不全。爱国主义教育属于学生核心素养层面的要求,是长期教育的结果,具有隐性特征,不容易像其他学科那样制定具体的评价量表,难以立竿见影地量化并反馈教育效果。基于以上诸多原因,我们梳理了已有的"全景式"爱国主义教育经验,形成了新时代"全景式"爱国主义教育的"六爱三式"校本化操作成果。

二、"六爱三式"基于校本研究

新时代的学校爱国主义教育有很多模式,其中"全景式""校本化"等是目前学校开展高质量爱国主义教育的较好样态。所谓"全景式"爱国主义教育是面向全体学生,实施的以爱国主义教育为指向的全过程、立体式教育。其内涵有三个方面:一是就知识本身而言,需要教师把爱国主义相关知识放在大背景、大视野、大历史中去审视,做到宏观与微观结合，实施爱国主义教育；二是就教育对象而言，需要面向全体学生，给予全面的爱国主义教育知识，尽最大努力扩充学生的受教育视野；三是就教育管理而言，发挥全员育人、全程育人、全方位育人的优势，从全景式的写作形式，发展为虚拟与现实结合的沉浸式教育，激发学生的全部感知能力，丰富学生的全面教育体验，提升非认知因素的作用，形成爱国教育的全景。

要实现这种"全景式"的教育，爱国主义教育"校本化"是前提。所谓爱国主义教育"校本化"，就是将爱国主义教育的相关要求和内容进行符合学校实际的适切性创造，体现以校为本的研究、培训、课程建设、活动实践及教育管理的动态过程。它包含三层意思：一是爱国主义教育为了解决问题而存在，以学校的爱国主义教育存在的问题为靶向，解决问题并优化路径；二是爱国主义教育突出性，是将国家教育要求经过探讨和分析后，创造性地形成学校实施方案；三是爱国主义教育助力质量提升模式，需要借用爱国主义教育的要求凝聚共识、匹配人员力量、调动优势资源、强化教育研究等，助力学校的特色品牌建设，促进学校的高质量发展。

"全景式""校本化"等模式有利于建立教育主体意识，让学生在课堂教学、情境探索、活动体验、社会实践中去思考、去感悟，培养对党、对国家的政治认同和家国情怀；有利于统整学科教育资源，在学科渗透和课程联动中，解决爱国主义教育碎片化、延续性差的问题；有利于增强个体的内心体验，生成新时代的爱国主义核心素养。特别是大众传媒、博物馆、纪念馆、红色教育基地等资源与课程结合，在见证性、沉浸式的教育中，能够发挥潜移默化的作用；当然，也有利于健全学生评价体系。在多元评价、综合评价、差异评价、集体评价中，促进学校教育评价的改革和丰富建构。

三、"六爱三式"基本操作要领

（一）结构化框架，突出学校整体设计

1. 爱国主义教育结构化，首先是主题选择的校本化

一是主题选择要与爱国主义教育的要求紧密衔接。爱国主义教育本身是一个教育色彩非常鲜明的领域。纵观《中华人民共和国爱国主义教育法》，爱共产党、爱国防、爱民族、爱传统文化、爱社会主义、爱英烈模范、爱祖国壮丽河山等都属于主题选择范畴。但校本化的爱国主义教育需要结合学校教育实际作出选择，并赋予爱国主义教育主题更强的针对性，如爱家乡、爱学校、爱班级、爱自己等。二是主题选择与学校的品牌特色发展要紧密结合。我们认为，只有与本校品牌特色紧密结合的爱国主义教育才能走得更加长远。例如，以科学教育见长的学校可以将"爱科学"纳入，以国防教育为特色的学校可以将"爱国防"作为重点等。三是主题选择要与爱国主义教育对象的特点相匹配。我们需要从具体走向抽象、从感性走向理性、从特殊走向普遍，形成爱国教育逻辑

渐进的课程，以此来匹配学生的年段、身心发展、认知成长的规律。按照皮亚杰认知发展理论，儿童的认知发展是由低阶向高阶发展的，且前一阶段为后一阶段的基础。我们应着眼于学生的最近发展区，为学生提供相应的内容，调动学生的积极性，发挥其潜能，尽最大可能提升其最近发展区的爱国认知水平，为下一个发展区的良好开端奠定基础。

基于以上认识，成都市第三十六中学校再结合学校是全国国防教育示范学校的情况，校本化地确立了"敬榜样，爱国人""览家乡，爱国土""习传统，爱文化""知成就，爱国家""知国防，爱军队""知党史，爱中国共产党"的"六爱"主题。

每一个主题中，"知"是内容，"爱"是培养目标。这是在《中华人民共和国爱国主义教育法》中"继承和弘扬爱国主义精神"总目标下的校本化凝练。学校将"爱中国共产党"放在最后，突出它是前面内容的根本，爱国主义教育最终要"为党育人、为国育才"；将"爱国人"放在最前面，强调从周边的榜样中汲取力量，学会爱他人，也要爱自己；"爱军队"是紧扣学校国防教育的特色品牌。这"六爱"主题匹配六个学段，有一定的逻辑上升、依次递进的关系。学校编写"六爱"读本，形成课程方案，有序扎实实施。一个学生进入初中到高中毕业，接受这"六爱"的完整教育，将受到主题意义更加鲜明、视野更加"全景"的爱国主义教育。

2. 爱国主义教育结构化，是顶层设计的体系化

所谓爱国主义教育的结构化，是指将逐渐积累起来的爱国主义的知识或者学校爱国主义教育的校本化思路加以归纳和整理，使之条理化、纲领化，做到纲举目张。结构化是对学科教师爱国主义知识教育的要求，也是对学校爱国主义教育发展的凝练，其目的是促进体系化，避免教育零散、泛化、不清晰的问题。成都市第三十六中学校聚焦"六爱"，以点线面相结合的专题突破、学科渗透、活动强化为横向维度，以目标、内容和评价为纵向维度，以机制、文化、资源为保障维度，构建起全景式、纵深性的"六爱三式"校本实施立体策略体系，形成了学校爱国主义教育的结构化思路，这种思路是学校常年开展爱国主义教育的经验积累，也是校本化的爱国主义教育的学校表达，它推动了学校爱国主义教育更有内涵、更成体系、更加成熟的高质量发展。

（二）模式化推进，强化爱国教育实践

"校本化"是一个宽泛的概念，要将国家的爱国主义教育落实到学校，需要"校本化"。然而，"校本化"的爱国主义教育实践还需要一定的模式来推进。模式，按照现代汉语的解释，是事物的标准样式，引申到教育方面，它是解决某一类问题的方法论，即把解决某类问题的方法总结归纳到理论高度。为此，成都市第三十六中学校实施了以"六爱三式"为显著特征的新时代"全景式"爱国主义教育的校本化实践。"立体"体现教育"全景"，"六爱"体现主题凝练，"三式"体现模式概括（见图6-8）。

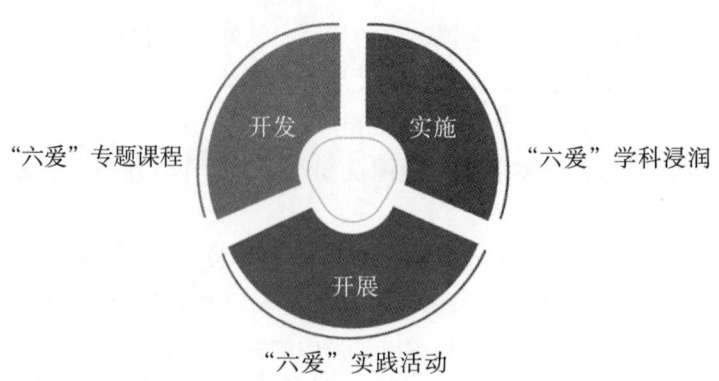

图 6-8 爱国主义教育"六爱三式"中的"三式"框架

这"三式"分别是专题课程、学科浸润和实践活动，分别匹配相应的实践策略，在目标、内容和评价一致的情况下，在真实的教育场景中，进行爱国主义精神的淬炼。

1. 专题课程

"专题课程"主要是匹配"六爱"的主题及目标，依靠学校的国防教育特色品牌实施爱国主义教育。2005 年，学校确定了以少年军校为载体、走向了以国防教育为特色的办学之路。学校秉承国防教育"四个一"的工作思路，即让"每一个决策紧随国防教育，让每一处环境彰显国防文化，让每一个教师参与国防课程，让每一名学生受到国防熏陶"，采用"国防教育进课堂、军事训练上操场"的办学模式，统筹推进国防教育规范化、日常化、课程化、制度化，有效构建起军校文化的学生成长体系，形成了国防教育的三维课程：一是国防教育理论课程，秉承"以军促智"目标，在学科教学中融入国防知识，开设中国国防、军事思想、国际战略、国家安全等国防理论课程；二是国防教育技能课程，秉承"以军强身，以军健美，以军培劳"目标，开发出海军旗语操、擒敌拳、匕首术、步枪战术、手枪战术、警棍盾牌术、应急棍术等国防技能课程；三是国防教育拓展课程，秉承"以军养德"目标，开设与国防教育有关的军乐队、定向越野、激光射击、中国跤等国防教育拓展课程。学校认为，爱国主义教育与国防教育是辩证统一、相互补充的，学校的爱国主义教育不等于国防教育，但国防教育涉及国家安全，是爱国主义教育的重要体现，其目标与爱国主义教育一致。在这样的认识中，学校以此为专题突破，促成了学校成为全国国防教育示范校，也促进了爱国主义教育的实质性的发展。

2. 学科浸润

"学科浸润"是学校爱国主义教育的主渠道，学校以课堂为主阵地，以学科建设为出发点，实施了"六爱"学科浸润教育。爱国主义本身就是学生的核心素养之一，在实施的过程中，我们"必须从目标、形式、内容和评价上着手，让主题式教育回归德育本真，提升学生的学科核心素养"。

一是建目标。围绕"六爱"主题及目标，挖掘各学科中的"六爱"元素，制定一些学科浸润爱国主义教育的子目标，以此来推进学校全景式爱国主义"六爱"目标的达成。

二是优策略。使用"联动体验"实施策略，让学科的爱国主义教育的课堂教学方法更加丰富，体验更加充分，因为"道德体验的诱发因素和唤醒线索是十分丰富的，只要环境、关系和氛围合适，任何一种因素都可能成为道德体验诱发或者唤醒的有效因素"。例如，语文学科实施了朗诵法：善用教材中的山河类、军旅类、思乡文章，启发学生有感情地朗诵；讲故事法：善用中国神话类、经典传统小说、诗词等课文，给学生生动地讲故事，使其了解中国的传统文化；家校体验法：善用中华传统节日类课文，采用家校联动体验的方式让学生感受传统的魅力；沉浸演绎法：善用写作演讲词、读后感等文章，引导学生演绎爱国主义主题课本剧，沉浸式感受榜样的力量。即使是数学这样的理科学科，也鼓励运用一些联动体验的方法。例如人物讲述法：巧用中国数学人物，讲述人物成长故事；数字情境法：将爱国知识转化为数学知识题，引导学生在答题过程中培养爱国之情；联系生活法：利用数学生活知识，引导学生绘制国旗、国徽等象征物。这种联动体验方法，就是某一学科不仅局限于一种方法，而是可以采用多种方式并存的形式开展爱国主义知识的教学。同时，要求各学科爱国主义教育课堂以体验为主，发挥学生的主体性，在见证性、亲身参与性基础上，实现爱国主义教育由具体到抽象、由现象到一般、由特殊到普遍的经验生成。

三是讲差异。学段不同，爱国主义教育的要求也不同。如果说小学阶段重在爱国思想启蒙的话，那么中学阶段就应重在爱国道理认同，因为爱国主义教育需要遵循学生成长发展的规律，符合认知的发展特点。特别是在学科浸润方面，成都市第三十六中学校在爱国道理认同的基础上，围绕"六爱"目标提出了年段差异外的学科差异、学科内差异的要求。例如，初中阶段的语文学科，我们要求学生每年至少阅读一本爱国主义教育书籍，每年观看至少一部爱国主义教育影视作品，了解至少三个爱国主义故事；高中阶段则要求学生每年参加一次爱国主义主题演讲，撰写一篇不少于 800 字的爱国主义教育文章，创作一首爱国主义诗歌或编排、参演一个爱国主义的话剧。再如，初中的政治、历史、地理，要求教师注重从健康人格的形成、法律意识的培养和国情的教育等公民基本生活方面对学生进行教育；高中的要求则是重视从贴近学生的日常生活和社会实际切入，引导学生认识现实生活中常见的经济、社会、政治和文化现象，获得参与现代社会生活的基本知识。总的来说，初中以阅读、欣赏等为主，在信息收集中浸润爱国主义，高中以说、写和运用为主，进行爱国主义的思想表达、凝结和实践运用。

3. 实践活动

"实践活动"是爱国主义教育的基础。"全景式"爱国主义教育需要以活动作为支撑。这种活动需要与学校的爱国主义教育总目标匹配，并打破学校教育的边界，在家校社基地协同中,以"活动+评价"的方式予以推进。学校从"六爱"主题出发,实施爱国主义活动,强化了三类活动。

一是以学校为主的教育活动,包括"爱国主义主题朝会""学生干部授衔授装""观看爱国主义教育影片""爱国+传统节庆实践""将军、英模进校园"等。在时空转换中,以"融视角"方式,形成了爱国主义教育"一二三"活动育人范式。"一个融合"指的是学科融合。"两项活动"是社团活动和综合实践活动。"三大节庆"是指学校举办的国防、体育、艺术等三大庆典活动,借此统整校内爱国主义教育的专题活动,形成序列化的爱国主义教育活动范式。这种学校活动的育人范式是"全景式"爱国主义教育认识与实践统一的载体,也是学生情感体验、态度检验和价值观涵养的基础。

二是以校外为辅的研修活动。起始年级以"爱家乡"为主题,安排到植物园开展"我和植物讲故事"活动;中间年级以"红色之旅"为主题,到红军长征纪念馆进行红色研修;毕业年级以"继承先烈遗志"为主题,到成都市烈士陵园缅怀先烈,铭记历史。在这种研究活动中,我们特别强调"通过虚拟沉浸、参与互动、时空再现、图像阐释和情景演绎等可视化手段开展爱国主义教育"。校外为辅的研修是在家校社和基地协同育人背景下,学校爱国主义教育的拓展和延伸,为学生接受更加全面的爱国主义教育作出了补充。

三是以班级为点的集体评价。学校以集体评价统整校内外的爱国主义教育活动情况,实施由基础指标、发展指标、底线指标构成的教育综合评价,以班级的集体爱国主义精神去涵养每一个人。主要评价班级爱国主义教育发展中的"育人方向是否正确""班级治理是否健全""班会活动是否共情""学生发展是否明理""职业选择是否力行""意识形态是否弘文""专项活动是否重视""遵纪守法是否执行"等方面。将班主任的行为、学生的发展、教育的结果融入其中,与先进班主任和先进班级评比挂钩,突出爱国主义教育在班级发展中的核心地位作用,以此促进整个学校的爱国主义教育品质提升。

(三)效果化验证,适时反馈调整

"全景式"的爱国主义教育校本化实践开展情况,需要以效果进行验证,从而让学校爱国主义教育走向以实证为基础的闭环研究之路。其效果验证需要从三个方面着手。一是隐性关照,主要看学生精神面貌是否体现学校的文化追求,是否踊跃参加爱国主义教育相关活动,学生的社会实践活动是否得到社会各界的好评,学校的"三风一训"是否得到进一步彰显,学校的德育工作是否形成体系等。二是显性体现,主要看学校的爱国主义教育品牌特色是否显著,是否将个人的职业选择与国家的需要同频共振等,学生参与爱国主义教育的各类活动获奖是否丰富,参军人数是否增多等。这些都可以用数据统计出来,这些数据就是最好的验证,是隐性教育的显性体现。三是对照变化,以一定的时间周期为界限,观察个体、集体和学校的变化,增值性越大,说明爱国主义教育的效果越显著。例如,成都市第三十六中学校实施"六爱三式"的"全景式"爱国主义教育实践，2023年学校思政研究成果获得国家级教学成果奖二等奖，学校顺利地从普通中学迈入省级重点中学的行列。教学成果从无到有，从有到显著，学校从一个普通中学升格为省级重点中学，这都是爱国主义教育的显著成果。

当然，学校的爱国主义教育也需要根据时代需要进行适时的反馈和调整，五年以前，学校办学集中在特色建设，将少年军校作为建设重点，《新时代爱国主义教育实施纲要》发布后，学校意识到国防教育要走向更高的深度，必须与爱国主义教育深度融合。于是，学校适时调整，开展了"全景式"爱国主义教育的建设，避免了国防教育与爱国主义教育"两张皮"现象。同时，这种融合促进了爱国主义教育的实质性发展。

我们认为，"六爱三式"是新时代"全景式"爱国主义教育立足"为党育人、为国育才"的校本化教育模式。"全景式"是我们实施爱国主义教育的一个显著特征，"六爱三式"是立足学校爱国主义教育实际的校本表达。随着《中华人民共和国爱国主义教育法》的生效，基础教育领域的爱国主义教育一定会有更优秀的范式产生。学校唯有在校本化探索中不断前进，才能实现教育高质量发展，办好人民满意的学校。